信州
後世に
遺したい歌

鹿島岳水

50選

付　唱歌
〈早春賦〉の謎

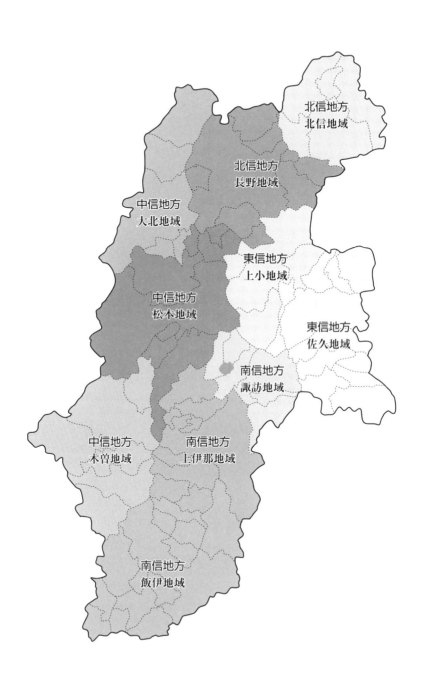

信州後世に遺したい歌50選 ＊ 目 次

長野県の日本一アラカルト　……………………………………　1

科野・信濃國・信州・長野県の成り立ち　………………　2

「信州」という呼び名　………………………………………　3

長野県の市町村歌一覧　………………………………………　4

県歌「信濃の国」　……………………………………………　5

50選に収載しなかったご当地ソング　………………………　8

北信地方

故郷　……………………………………………………………　10

朧月夜　…………………………………………………………　12

美わしの志賀高原　……………………………………………　14

中野小唄　………………………………………………………　16

須坂小唄　………………………………………………………　18

善光寺木遣り　…………………………………………………　19

鳩ぽっぽ　………………………………………………………　20

夕焼小焼　………………………………………………………　22

川中島　…………………………………………………………　24

かあさんの歌　…………………………………………………　26

カチューシャの唄　……………………………………………　28

蛙の笛　…………………………………………………………　30

子鹿のバンビ　…………………………………………………　31

東信地方

小諸馬子唄　……………………………………………………　36

望月小唄　………………………………………………………　37

千曲川旅情の歌　………………………………………………　38

惜別のうた　……………………………………………………　41

落葉松	42
千曲川	44
高原メロディー	46
高原列車は行く	47
佐久の鯉太郎	48
北風小僧の寒太郎	49
北国の春	50
雪山讃歌	52
旅の夜風	54

中信地方

北安曇郡歌	58
安曇節	63
早春賦	64
てるてる坊主	66
とんがり帽子	69
めえめえ児山羊	71
山小舎の灯	72
アルプス一万尺	74
山男の歌	76
あずさ2号	78
初恋	80
木曽路の女	81
木曽節	82

南信地方

琵琶湖周航の歌	86
あざみの歌	88
月よりの使者	89
諏訪大社御柱祭木遣り唄	90

紀元節 …………………………………………………… 93

伊那節 …………………………………………………… 95

龍峡小唄 ………………………………………………… 97

天龍下れば ……………………………………………… 99

勘太郎月夜唄 …………………………………………… 100

水色のワルツ …………………………………………… 101

愛と死をみつめて ……………………………………… 102

付 唱歌「早春賦」の謎

　解説　早春賦 …………………………………………… 104

　早春賦讃歌 ……………………………………………… 106

　先駆者 …………………………………………………… 107

　早春賦誕生の謎 ………………………………………… 111

　早春賦発祥はどこ？ …………………………………… 116

　吉丸一昌は信州に来たか？ …………………………… 120

　ＮＨＫ『名曲アルバム』―早春賦― ………………… 124

　早春賦安曇野発祥説 …………………………………… 126

　早春賦発祥は長野県大町地方 ………………………… 129

　早春賦歌碑全国８か所 ………………………………… 137

参考資料 ………………………………………………… 138

　早春賦の来歴：牛越徹 ………………………………… 138

　中田章曲記譜：黒川眞弓 ……………………………… 141

　船橋榮吉曲記譜：市山福子 …………………………… 145

長野県の日本一アラカルト

- 日本の歌百選（文化庁ほか）：長野県出身者によるもの19曲
- ＮＨＫ「日本のうたふるさとのうた」：100曲中25曲が信州
- 歌碑（民謡・唱歌・童謡・流行歌など）：121基（鹿島岳水調べ）
- 音楽教室数：人口10万人当たり27軒（平成26年）
- 博物館・美術館数：362館（平成27年度社会教育調査統計）
- 死亡率：平成27年、男女とも全国最低（厚労省）
- 全がん死亡率：平成12年以降、男女とも全国最低（人口動態）
- 平均寿命：女性１位87.67歳、男性２位81.75歳（平成27年生命表）
- 野菜摂取量：352ｇ／日（平成28年、栄養調査）
- 移住したい都道府県：平成18年から連続１位（宝島社）
- 相対的貧困世帯率：平成25年、全国最低（住宅・土地統計調査）
- 65歳以上の就業率：28.7％（平成27年国勢調査）
- ごみ排出量の少なさ：836ｇ／人／日（平成27年度実態調査）
- レタス収穫量：191,500ｔ（平成27年度野菜生産出荷統計）
- 松茸生産量：平成18年から11年間日本一（長野県林務部）
- エノキタケ生産量：81,213ｔ（平成27年特用林産物統計）
- 味噌出荷額：588.1億円（平成26年工業統計調査）
- わさび生産量：855ｔ（平成28年・農水省）
- 温泉を利用した公衆浴場数：654（平成27度温泉利用状況）
- 日本百名山の数：29座（深田久弥）
- 星が最も輝いて見える場所：阿智村浪合（環境省認定）
- 年間降水量：902㎜全国最下位（平成26年・都道府県格付研究所）

科野・信濃國・信州・長野県の成り立ち

- 7世紀末の藤原宮跡から出土した「科野國伊奈評鹿□大贄」は、『古事記』にある「科野國造」の表記と一致し、当時は「科野國」と書かれていた。
- 「科野」の語源については、「科の木（シナノキ）」を多く産出したことによる説が有力。
- 「科野國」の領域は、佐久・伊那・高井・埴科・小県・水内・筑摩・更科・諏訪・安曇の10の郡より成り立っていた。
- 大宝4年（704）、諸國印鋳造時に信濃國と改められる。
- 最も古い「信濃國」の文字は、平成6年に千曲市屋代遺跡群から発見された木簡。
- 『日本書紀』には信濃國について「是の國は、山高く谷幽し。翠き嶺万重れり。人杖倚ひて升り難し。巌嶮しく礒紆りて、長き峯数千、馬頓轡みて進かず」とある。
- 平安時代末期から鎌倉時代初期の禅宗の僧によって「信州」と称されるようになる。
- 「信州」の初出は、治承3年（1179）、仁科盛家が覚音寺（大町市・八坂）に寄進した「木造千手観音立像」の胎内に残されていた木札の記録「大日本國東山道信州安曇郡御厨藤尾郷」である。
- 明治4年7月、廃藩置県により、信濃國内の藩領が10の県に。
- 同年11月、第一次府県統合により、長野県と筑摩県になる。
- 明治9年8月、第二次府県統合により、筑摩県が分割し、旧高山県は岐阜県に編入。中信・南信地域が長野県に編入され、現在の長野県が発足。
- 法令による廃止はないが、長野県の発足により実質的に令制国である信濃國は廃止。

「信州」という呼び名

- 信州に来たで！！「信州は50回以上訪れている。気候や自然、食べ物、全てがいい」宝塚市のNさん（73）、T新聞記事より。
- 「信州へ行って来た」と言うことはあっても、「上州へ行って来た」とは普通言わない。
- 長野県以外で、これほど県名以外の呼び方で呼ばれる県は他にはない。
- 田中康夫は、長野県知事当時、長野県を信州県にしたいと提唱。自ら「信州・長野県知事」と名乗っていた。
- 「信州」という呼び方は、全国で最も定着している。
- 長野県内では、信州という言い方がすっかり生活に密着している。「長野県」よりその歴史が長い。
- 昔々の呼び方である国の名前が、これほど今も生きていて常時ひんぱんに言い交わされている県は、信州・長野県をおいてほかにはない。
- 信州という言い方が、呼びやすく、しっくりし、なんとなく郷愁を覚える呼び名であろう。
- 「県民の地域に対する意識と愛着に関する調査」によると、「長野県をアピールするにふさわしい言葉」として、「信州」が76％と圧倒的に多い。
- 観光図書では、ほとんど「信州」が使われる。
- 「信州」ブランドの定着：信州大学・NHKのイブニング信州・テレビ信州・信州味噌・信州ハム・信州サーモンなどなど。

長野県の市町村歌一覧

出典：「Wikipedia」2017年10月22日版

市部

長野市：長野市市歌
松本市：松本市歌
上田市：上田市民の歌
岡谷市：岡谷市歌
飯田市：飯田市市歌
諏訪市：諏訪市市歌
須坂市：須坂市民歌
小諸市：小諸わが想い出
伊那市：伊那市の歌
駒ヶ根市：駒ヶ根市の歌
中野市：空見上げて
茅野市：茅野市の歌
佐久市：佐久・わが市
千曲市：千曲市歌
安曇野市：水と緑と光の郷

町村部

小海町：小海町の歌
川上村：川上小唄
南牧村：愛しき八ヶ岳
南相木村：南相木音頭
北相木村：北相木音頭
軽井沢町：軽井沢音頭
御代田町：御代田賛歌
立科町：たてしな音頭
青木村：常盤のみどり
長和町：美しい町に住む人は
下諏訪町：下諏訪町の歌
富士見町：結ぶ糸
原村：原村の歌

辰野町：辰野町町歌
箕輪町：箕輪町の歌
飯島町：空の青に咲く未来
南箕輪村：南箕輪村民の歌
中川村：中川村歌
宮田村：宮田村の歌
松川町：まつかわ OnDo ！
高森町：高森町歌
阿南町：阿南の歌
平谷村：平谷音頭
根羽村：根羽音頭
売木村：売木音頭
泰阜村：ここがふるさと～夢ラララ～
喬木村：喬木村歌
豊丘村：豊丘村歌
木祖村：森のしずく～Root of Hearts～
生坂村：生坂村歌
山形村：山形村のうた
朝日村：山は大きく
松川村：信濃松川ふるさと音頭
小谷村：小谷村の歌
坂城町：坂城町の歌
小布施町：きらめいて小布施
高山村：高山村歌
木島平村：栄行け木島平よ
信濃町：信濃町民歌
小川村：小川村村歌
栄村：栄村歌

県歌 「信濃の国」

作詞・浅井洌／作曲・北村季晴　明治33年

1　信濃の国は十州に　境連ぬる国にして
　　聳ゆる山はいや高く　流るる川はいや遠し
　　松本伊那佐久善光寺　四つの平は肥沃の地
　　海こそなけれ物さわに　万ず足らわぬ事ぞなき

2　四方に聳ゆる山々は　御嶽乗鞍駒ヶ岳
　　浅間は殊に活火山　いずれも国の鎮めなり
　　流れ淀まずゆく水は　北に犀川千曲川
　　南に木曽川天竜川　これまた国の固めなり

3　木曽の谷には真木茂り　諏訪の湖には魚多し
　　民のかせぎも豊かにて　五穀の実らぬ里やある
　　しかのみならず桑とりて　蚕飼いの業の打ちひらけ
　　細きよすがも軽からぬ　国の命を繋ぐなり

4　尋ねまほしき園原や　旅のやどりの寝覚の床
　　木曽の桟かけし世も　心してゆけ久米路橋
　　くる人多き筑摩の湯　月の名にたつ姥捨山
　　しるき名所と風雅士が　詩歌に詠てぞ伝えたる

5　旭将軍義仲も　仁科の五郎信盛も
　　春台太宰先生も　象山佐久間先生も
　　皆此国の人にして　文武の誉たぐいなく
　　山と聳えて世に仰ぎ　川と流れて名は尽ず

6　吾妻はやとし日本武　嘆き給いし碓氷山
　　穿つ隧道二十六　夢にもこゆる汽車の道
　　みち一筋に学びなば　昔の人にや劣るべき
　　古来山河の秀でたる　国は偉人のある習い

「信濃の国」の由来

- 明治31年、信濃教育会の委嘱により長野県師範学校（現・信大教育学部）教諭・浅井洌が作詞。同僚の依田弁之助が作曲。
- 依田の後任、北村季晴が付けた新曲を運動会の遊戯用として発表。
- 師範を巣立った教師により、小学校の運動会などを通じ歌われるようになる。
- 曲の親しみやすさから、爆発的に普及、今日に歌い継がれる。

浅井洌（1849-1938）

県歌に制定（昭和43年5月20日）

- 昭和41年に県章やシンボルを決定した際、県民意識高揚のために「県歌」制定の機運が高まる。
- 昭和43年2月の白馬国体のとき地元中学生、観客が「信濃の国」大合唱、他県選手がびっくり。これもきっかけとなった。
- その年の5月、県議会で制定される。

北村季晴（1872-1931）

県歌「信濃の国」

- 県民統合の機能を持つ象徴的な歌。
- 逸話として、昭和23年県議会で、長野県を南北に分割しようとする分県意見書案が提出され、可決されそうになった。このとき、傍聴に詰めかけた住民達が突如として「信濃の国」の大合唱を行い、分割を撤回させた、といわれている。
- 長野県民が育んできた偉大なる文化遺産。
- 日本で一番歌われている県歌。
- 長野県に関わる公的行事の伴奏音楽として、また、スポーツチームの応援歌として使用される。

・特に、県外県人会の宴会の締めでは、必ず合唱される望郷の歌。
・カラオケのレパートリーやケータイの着信メロディーに使われる。
・長野県ご当地ソングベストスリー（合田道人著書より）
　第1位：信濃の国　第2位：故郷　第3位：千曲川

「信濃の国」歌碑

佐久市立
国保浅間総合病院前庭

長野県庁前

東大地震研前　長野市

信州スカイパーク　松本市今井

50選に収載しなかったご当地ソング

題名	歌手
哀愁の信濃路	大里一郎
愛の双体道祖神	みうらじゅん
秋山よさ節	
安曇野	さだまさし
安曇野	原田悠里
安曇野の雨	島田悦子
飯田線	小沢あきこ
飯山小唄	
池田小唄	
一茶さん	
内田小唄	
絵島節	
大糸線	水森かおり
大糸線	西方裕之
大町小唄	大町芸妓連
大町やまびこ音頭	大塚文雄／早坂光枝
開田嫁入り唄	
上高地の春	ダークダックス
軽井沢コネクション	荻野目洋子
軽井沢ホテル	さだまさし
傷だらけの軽井沢	ブレッド＆バター
木曽の女	北島三郎
木曽は山の中	葛城ユキ
木曽節三度笠	橋幸夫
北信濃絶唱	野路由紀子
北穂小唄	横内正
霧の川中島	杉良太郎
小海線	大木綾子
高原のお嬢さん	舟木一夫
高原の旅愁	伊藤久雄
コスモス街道	狩人
小諸情歌	大川栄策
犀川	大内寿恵麿
信濃恋歌	青柳常夫
信濃恋歌	マヒナスターズ
信濃川慕情	美川憲一
信濃川慕情	ロス・プリモス

題名	歌手
信濃路	水森かおり
信濃路梓川	森昌子
信濃路ひとり	原田悠里
信濃路の雨	永井みゆき
信濃の友	青柳常夫
信濃よいとこ	
白樺の湖	石原裕次郎
新大町音頭	安藤由美子
信州青年の歌	藤山一郎／松田トシ
爺ケ岳の詩	青柳常夫
城下町ブルース	三代目コロムビア・ローズ
善光寺参り	神楽坂はん子
高遠は	高山佳子
辰野の雨	水森かおり
蓼科エレジー	神戸一郎
蓼科の風	伊戸のりお
千曲小唄	
天竜流し	福田こうへい
戸倉上山田音頭	村田英雄／花村菊江
西山小唄	
野沢温泉小唄	藤本二三吉
野沢旅情	渡辺繁子
野尻湖ひとり	水森かおり
白馬小唄	畠山みどり
白馬山麓	狩人
白馬村から	南こうせつ
春寂寥	
避暑地の恋	チェリッシュ
別所小唄	音丸
星の降る里	水田竜子
穂高に叫ぶ	古賀さと子
穂高よさらば	芹洋子
松本ぼんぼん	前川陽子
まほろばの国	ペギー葉山
丸子小唄	
女鳥羽川	大木綾子

北信地方

故郷
（ふるさと）

作詞・高野辰之／作曲・岡野貞一　文部省唱歌　大正３年

一
兎追いしかの山
小鮒釣りしかの川
夢は今もめぐりて
忘れがたき故郷

二
如何にいます父母
恙なしや友がき
雨に風につけても
思いいずる故郷

三
こころざしをはたして
いつの日にか帰らん
山はあおき故郷
水は清き故郷

「故郷」

・"日本人の心のうた"の超代表曲。唱歌の中の最高傑作。

・情感にあふれ、懐かしく、遠い故郷にいつか帰りたいと思う、熱く胸に迫る望郷の歌・郷愁の歌。

・Ｔ新聞・読者発言欄：「ふるさと」を日本の国歌に…「君が代」を斉唱する機会に「ふるさと」を歌うことができればどんなにすてきだろうか…主婦（69）。

・文化庁・日本ＰＴＡ全国協議会選定の「日本の歌百選」に選ばれる（平成18年）。

・歌い継ぎたい日本の愛唱歌：第１位（海竜社アンケート調査、平成15年）。

・海外公演では、どの会場でもアンコール。日系人たちは涙また涙、ダークも貰い泣き（ダークダックス）。

旧豊田村

・高野辰之出生地。北信濃に位置し、西に斑尾山、東に千曲川を望

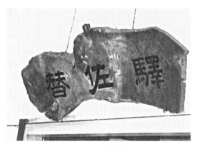 

ＪＲ飯山線替佐駅　　　　　　　歌碑　旧永田小学校校庭奥

む、冬は豪雪地帯の山村である。「故郷」の歌詞にあるような情景を今に留め、忘れがたい郷愁を味わう里。

歌碑
- 高野が学び、やがて教鞭をとった旧永田尋常小学校校庭の奥にある歌碑は、当時の文部大臣・奥野誠亮の揮毫になる。
- 県内での歌碑は、他に、飯山市の斑尾高原ホテル前と中野市永江の「ふるさと橋」の欄干にもある。

高野辰之記念館
- 平成3年、豊田村が、高野辰之の偉業を称えるため、旧永田小学校校舎跡に開設。
- 館内には、辰之の著書、遺品、愛用品など数々を紹介。

ふるさとの散歩道：散策コース
「故郷」歌碑→高野辰之記念館→「紅葉」歌碑→高野辰之生家→天正寺（辰之直筆の掛け軸）→真宝寺（梵鐘）→小鮒釣りし川の橋→「春の小川」歌碑→「朧月夜」歌碑→菜の花畑→高野辰之記念館

朧月夜
<small>おぼろ</small>

作詞・高野辰之／作曲・岡野貞一　文部省唱歌　大正3年

一
菜の花畑に　入り日薄れ
見わたす山の端　霞ふかし
春風そよふく　空を見れば
夕月かかりて　におい淡し

二
里わの火影も　森の色も
田中の小路を　たどる人も
蛙のなくねも　かねの音も
さながら霞める　朧月夜

文部省唱歌以前
- 明治14年、文部省音楽取調掛（掛長・伊澤修二）が『小学唱歌集』（「蛍の光」「仰げば尊し」など掲載）を発行。
- 教科書検定制度のもと、明治21年から23年までに『明治唱歌』（大和田健樹ほか）を、同22年に『中等唱歌集』（東京音楽学校選）、同25年から『小学唱歌』（伊澤修二編）など発行される。

文部省唱歌
- 明治43年から昭和19年まで、文部省が編纂し教科書に掲載された楽曲。
- 『尋常小学読本唱歌』及び『尋常小学唱歌』に、合計147曲が掲載。
- 作詞・作曲者名は明記せず、「文部省唱歌」と記された。
- 編纂委員は、作詞に高野辰之・吉丸一昌（早春賦の作詞者）、作曲に島崎赤太郎（大町中学校歌作曲者）・岡野貞一など。
- 高野／岡野は、唱歌作成のゴールデンコンビ。
- 「故郷」「朧月夜」のほかに、「春が来た」「春の小川」「紅葉」など、

今日まで歌い継がれている名曲が多かった。
- 昭和24年からは、各出版社の発行する検定唱歌教科書が文部省唱歌に代わり、全国小・中学校で用いられ、現在に及ぶ。

高野辰之（1876-1947）　国文学者、演劇研究家
- 明治9年、下水内郡永江村（後の永田村・豊田村・中野市）生まれ。
- 明治30年、長野師範学校卒。
- 東京音楽学校、大正大学各教授。
- 東京音楽学校の邦楽科設立に尽力。
- 東京大学文学部講師。
- 文部省小学唱歌教科書編纂委員。
- 大正14年、『日本歌謡史』により東京帝国大学から文学博士の学位授与。
- 晩年は、お気に入りの野沢温泉の別荘「対雲山荘」で悠々自適、昭和22年1月、71歳で死去。

高野辰之先生終焉の地碑
野沢温泉村麻釜（別荘「対雲山荘」）跡地

主な作品：「春が来た」「日の丸の旗」「紅葉」「春の小川」「朧月夜」「故郷」その他校歌の多数。

おぼろ月夜の館―斑山文庫
- 開設：平成2年
- 場所：野沢温泉村十王堂
- 高野家の書庫「斑山文庫」の資料を村が譲り受ける。

おぼろ月夜の館

- 辰之の収集品・遺品・著書など展示。
- 館内では随時、特別展、企画展、コンサートなども開催し、ミュージアムショップなどがある。
- 昼夕定時建物の塔のカリヨンから「朧月夜」「故郷」などの唱歌が奏でられる。

美わしの志賀高原

作詞・西沢爽／作曲・古賀政男　昭和31年

一
ばら色のあの尾根は　はるかな未来
あなたと見つめた　高原ホテル
白樺の小立の中を
バスがゆくゆく　唄ごえのせて
ああ　美わしの志賀高原

二
笠岳も暮れてゆき　楽しいキャンプ
二人の心に　ともし火つけて
青春の二度ない夢を
映せ木戸池　夜の明けるまで
ああ　美わしの志賀高原

三
想い出は高原の　ヒュッテに咲いた
氷の華さえ　ロマンスの華
粉雪のあの丘こえる
スキーリフトに　輝く若さ
ああ　美わしの志賀高原

「美わしの志賀高原」
・昭和30年、下高井郡平穏町・夜間瀬村・穂波村が合併し、山ノ内町となった記念事業として翌年作られた。

志賀高原
・長野県下高井郡山ノ内町にある上信越高原国立公園の中心部を占め、丸池・蓮池・横手山・熊の湯など、池・湿原が点在する高原。
・冬・春はスキー、夏は避暑ト

歌碑
山ノ内町平穏、志賀高原総合会館庭

志賀高原（横手山より）

古賀政男音楽博物館　小田急線、代々木上原駅近く

レッキング、秋は紅葉と味覚などのリゾートエリア。

古賀政男（1904-1978）　作曲家
・昭和期の代表的作曲家。
・国民栄誉賞受賞。
・藤山一郎から、歌謡界の女王・美空ひばりまで作品数5,000曲とも言われ、「古賀メロディー」として親しまれている。

主な作品：「丘を越えて」「酒は涙か溜息か」「影を慕いて」「サーカスの唄」「東京ラプソディー」「人生の並木路」「人生劇場」「誰か故郷を想わざる」「悲しき竹笛」「湯の町エレジー」「トンコ節」「ゲイシャ・ワルツ」「りんどう峠」「無法松の一生」「東京五輪音頭」「悲しい酒」など。

中野小唄

作詞・野口雨情／作曲・中山晋平　昭和2年

一

信州広くも　中野がなけりゃ
ヨイトコラ　ドッコイサノ　セッセッセ
どこに日の照る　どこに日の照る
町がある　町がある
カナカナカノカ　なんせかんせ
ドッコイサノセッセッセ

二

信州中野は　おかいこどころ
ヨイトコラ　ドッコイサノ　セッセッセ
中野紬の　中野紬の
出るところ　出るところ
カナカナカノカ　なんせかんせ
ドッコイサノセッセッセ

三

中野生まれは　気立てで知れる
ヨイトコラ　ドッコイサノ　セッセッセ
横に車は　横に車は
押しゃしない　押しゃしない
カナカナカノカ　なんせかんせ
ドッコイサノセッセッセ

「中野小唄」

・新民謡創作の波に乗り、昭和2年、中野町の
　料芸組合が、地元出身中山晋平に依頼し作る。
・作詞は、晋平とのゴールデンコンビの野口雨
　情。

中山晋平（1887-1952）　作曲家

・長野県下高井郡新野村（現・中野市）に生ま
　れる。

歌碑　中山晋平記念館

・童謡・流行歌・新民謡など、ほぼ3,000曲を
　残し、今に歌い継がれ、東洋のフォスターと言われた作曲家。

・作品は、ヨナ抜きという独特の曲調から、俗に「晋平ぶし」と呼

中山晋平記念館

ばれ、ブームを巻き起こし、一時代を画した。
・のちの昭和期に生まれる流行歌に大きな影響を与えた。

中山晋平記念館
・生家に隣接し、生誕100年を記念し昭和62年に開館。300点余りの遺品や書簡、作品集などが展示、晋平の偉大な功績と生涯を紹介する。
・記念館は、別荘のあった熱海市にもある。

主な作品：〈童謡〉「シャボン玉」「てるてる坊主」「雨降りお月」「砂山」「肩たたき」「あめふり」「兎のダンス」「鞠と殿様」など。〈流行歌〉「カチューシャの唄」「ゴンドラの唄」「さすらいの唄」「船頭小唄」「波浮の港」「出船の港」「東京行進曲」「銀座の柳」「紅屋の娘」「鉾をおさめて」など。〈新民謡〉「中野小唄」「須坂小唄」「野沢温泉小唄」「望月小唄」「千曲小唄」「大町小唄」「東京音頭」「天龍下れば」「龍峡小唄」など。

須坂小唄

作詞・野口雨情／作曲・中山晋平　大正12年

一　山の上から　チョイと出たお月
　　誰を待つのか　待たれるか
　　ヤ　カッタカタノタ
　　ソリャ　カッタカタノタ

（以下囃子同じ）

二　誰も待たない　待たれもしない
　　可愛いお前に　逢いたさに

三　可愛い私は　須坂の町に
　　須坂恋しか　あのお月

四　お月や工場を　チョイと来て覗く
　　誰に思いを　かけたやら

五　誰に思いを　友達衆よ
　　ホロホロロと　夜がふける

（以下略）

「須坂小唄」

・新民謡第１号：須坂は、製糸大国として栄えてきたが、大正３年の不況、同９年の第一次世界大戦後の恐慌で、須坂の製糸工場は大打撃を被った。そのような時代背景の中、須坂で製糸業を営んでいた山丸組により、働く女性を明るく元気にするために作られた。

・新民謡：大正期後半から作られた民謡調の歌謡。主な作者は野口雨情・中山晋平など。

善光寺木遣り（先綱）

一　ヤアーレ目出度リヤー　アーリワイ
（セー）
目出度目出度は此の家の御家
（ヨーイヨイ）
庭に鶴亀舞い遊ぶヨナ先綱
（エーンヤサアーノセーイ
アーレワイサーノセーイ）

二　此の家の御家は目出度い御家
枝も栄える葉も茂るヨナ先綱

三　目出度目出度が三つ重なれば
扇の地紙で末広くヨナ先綱

四　本日建てたる此の家の家形
石の土台のコリャ腐るまでヨナ先綱

五　ヤアーレしめたや目出度目出度の
此の喜びをどこへもやらじとヨナ先綱

「善光寺木遣り」

・古くは善光寺造営にかかわる用材の運搬時に歌われた。

・寛文6年（1666）善光寺再建時に江戸棟梁によって伝えられた、
とされる。

・現在でも建築行事や結婚式などで歌われる。

・平成3年、長野市指定無形文化財に指定。

木遣り唄

・大きな木材を曳き出す時の音頭やかけ声として生まれたもの。

北信地方

鳩ぽっぽ

作詞・東くめ／作曲・瀧廉太郎　明治34年

鳩ぽっぽ　鳩ぽっぽ
ポッポポッポと　飛んで来い
お寺の屋根から　下りて来い
豆をやるから　みなたべよ
たべてもすぐに　かえらずに
ポッポポッポと鳴いて遊べ

ⓒ善光寺

善光寺　無宗派の寺院、本堂は国宝
- 住職は「大勧進貫主」と「大本願上人」の両名が務める。
- 日本最古と伝わる「一光三尊阿弥陀如来」を本尊とする。
- 江戸時代、「一生に一度は善光寺詣り」と言われた。
- 7年目ごとに本尊の代りの「前立本尊」が開帳される。

歌碑
- 場所　本堂の右側針供養塔脇
- 寄進　「鳩供養」のため、長谷川幾山・あや子が昭和39年寄進、建立。
- 歌碑はほかに、浅草寺・くめの生地和歌山県新宮市・同県すさみ町日本童謡の園・くめが晩年過ごした大阪府池田市五月山公園。

瀧廉太郎（1879-1903）　作曲家
- 明治期の天才作曲家。
- 「荒城の月」は不朽の名曲。

・12歳から、大分県竹田町に住む。
・15歳で東京音楽学校入学。
・明治34年、ドイツ・ライプツィヒ音楽院に留学。結核発病。
・帰国後、23歳で没する。

主な作品：「春の海」「メヌエット」「花」「箱根八里」「荒城の月」「鳩ぽっぽ」「お正月」など。

東くめ（1877-1969）　童謡作詞家
・日本で初めて口語体による童謡を作詞。
・和歌山県新宮町生まれ。
・明治32年、東京音楽学校卒業。
・東京府立高等女学校教師。

主な作品：「お正月」「雪やこんこん」「鳩ぽっぽ」など。

幼稚園唱歌

・明治20年、文部省音楽取調掛は29の唱歌を収めた『幼稚園唱歌集』を発行。
・しかし、歌詞は文語体で幼児には理解しにくかった。
・明治34年、東・瀧等による、言文一致、話し言葉による『幼稚園唱歌』（20曲）が共益商社より発行。
・伴奏付き唱歌集として本邦初。
・当時、殆どの唱歌集が単音無伴奏であった。

東くめが、瀧廉太郎の死去を悼んで詠んだ歌
　　わかくして　友はゆけども　荒城の
　　　　　月の光は　世にかがやけり

北信地方　21

夕焼小焼

作詞・中村雨紅／作曲・草川信　大正12年

一
夕やけこやけで　日が暮れて
山のお寺の　鐘がなる
お手々つないで　みなかえろ
からすといっしょに　かえりましょ

二
子供がかえった　あとからは
まあるい大きな　お月さま
小鳥が夢を　見るころは
空にはきらきら　金の星

草川　信

中村雨紅
「私は東京から故郷（八王子・上恩方町）の実家へ帰る途中…郷愁などの感傷も加わって作詞…」

草川信
「中村さんのこの歌詞への作曲をします時、善光寺や阿弥陀堂の鐘が耳の底にかすかに残っていました」

草川信（1893-1948）　作曲家
- 長野県埴科郡松代町（現・長野市松代町）出身。旧制長野中学を経て、東京音楽学校（現・東京芸術大学）に進むとバイオリンを安藤幸に、ピアノを弘田龍太郎に師事する。卒業後は教職の傍ら、演奏家として活動。その後、『赤い鳥』の童謡運動に参加、童謡の作曲を手掛ける。

主な作品：「ゆりかごの唄」「夕焼小焼」「緑のそよ風」「どこかで春が」など。

日本一多い「夕焼小焼」歌碑27基

宮尾神社　八王子市

往生寺　長野市

阿弥陀寺　長野市

長野県内の歌碑
長野市往生寺
長野市阿弥陀寺
上田市別所温泉北向観音
長和町常福寺
筑北村花顔寺
塩尻市興龍寺

東京都内の歌碑
八王子市宮尾神社
八王子市寶生寺
八王子市観栖寺
八王子市心源院
八王子市夕焼本舗万年屋
町田市相原町中村家
荒川区第二日暮里小学校
荒川区第三日暮里小学校
渋谷区長谷戸小学校

それ以外の歌碑
大仙市姫神公園
竜ヶ崎市童唄のみち
厚木市厚木小学校
厚木市七沢温泉玉川館
厚木市ゆうやけこやけビル
相模原市五感の里
浜松市不動寺
たつの市龍野町童謡の小径
和歌山県すさみ町日本童謡園
山口県田布施町詩情公園
伊予市ふたみシーサイド公園
安芸市閑慶院

川中島

作詞・旗野十一郎／作曲・小山作之助　明治29年

一

西条山は　霧ふかし
筑摩の河は　浪あらし
遥にきこゆる　物音は
逆捲く水か　つわものか
昇る朝日に　旗の手の
きらめくひまに　くるくるくる
車がかりの　陣ぞなえ
めぐるあいずの　鬨の声
あわせるかいも　あらし吹く
敵を木の葉と　かきみだす
川中島の戦は
語るも　聞くも　勇ましや

二

川中島の戦は
語るも　聞くも　勇ましや

川中島の戦い

・戦国時代に、甲斐国の大名武田信玄と越後国の上杉謙信との間
　で、北信濃の支配権を巡って行われた数次の戦い。

・最大の激戦となった第四次の戦いが千曲川と犀川が合流する三角
　状の平坦地である川中島を中心に行われたことから、川中島の戦
　いと呼ばれる。

頼山陽の詩吟

川中島

鞭声粛粛（べんせいしゅくしゅく）　夜河を過る（よるかわわた）

暁に見る千兵の（あかつきみせんぺい）　大牙を擁するを（たいがよう）

遺恨なり十年（いこんじゅうねん）　一剣を磨き（いっけんみが）

流星光底（りゅうせいこうてい）　長蛇を逸す（ちょうだいっ）

　上杉謙信の軍はひっそりと鞭音も立てない様にして、夜の内に千曲川を渡って川中島の敵陣に攻め寄せた。武田側は明け方霧の晴れ間に上杉方の大軍が大将の旗を中心に守りながら迫ってくるのを見つけた。この戦いでは謙信は信玄を討ちとることができなかったが、その心中を察すると、誠に同情にたえない。この十年の間一ふりの剣を研ぎ磨いて、その機会を待ったのであるが、うち下ろす刀光一閃の下に、ついに強敵信玄をとり逃がしたのは無念至極なことであった。

出典：『吟剣詩舞道漢詩集』

かあさんの歌

作詞・作曲／窪田聡　　昭和31年

一
かあさんは　夜なべをして
手袋あんでくれた
木枯し吹いちゃ　冷たかろうて
せっせとあんだだよ
ふるさとの便りはとどく
いろりのにおいがした

二
かあさんは　麻糸つむぐ
一日つむぐ
おとうは土間で　わら打ち仕事
お前もがんばれよ
ふるさとの冬は　さみしい
せめてラジオ聞かせたい
かあさんの　あかぎれ痛い
生みそをすりこむ

三
根雪もとけりゃもうすぐ春だで
畑が待ってるよ
小川のせせらぎが聞こえる
なつかしさがしみとおる

尾崎集落

　窪田聡は、父親の実家のあった信州新町尾崎集落に戦時中疎開。

窪田聡　音楽家
・シンガーソングライターの草分け。
・昭和29年、開成高校を卒業。中央合唱団員。
・その後、歌声喫茶などで音楽活動を行う。

歌碑　信州新町の犀川沿い奈津女公園内

「かあさんの歌」
・窪田聡が疎開していた信州新町地区の印象・情景を作詞。
・母親への思慕が共感を呼ぶ郷愁の歌。
・うたごえ運動を通じて全国の歌声喫茶より広まる。
・ダークダックスやペギー葉山により、また、ＮＨＫの『みんなのうた』でも放送され、より広い層に歌われるようになった。

歌声喫茶
・生演奏をバックに、客が声を合わせて歌う喫茶店。
・新宿の「ともしび」は、昭和29年、たまたまその店で流していたロシア民謡を、客が歌い出し、いつしか、みんなで歌うようになり、自然発生的に歌声喫茶となった。
・これをきっかけに、歌声喫茶が続々と誕生する。
・店内は毎日のように人であふれ、最盛期には日本全国で100軒を超える店があった。
・ロシアなどさまざまな国の民謡・唱歌・童謡・労働歌・反戦歌・歌謡曲など幅広いジャンルの歌を歌う。
・昭和45年頃までに衰退。平成10年頃から徐々に復活。現在、「ともしび」のような常設の歌声喫茶は少ない。

カチューシャの唄

作詞・島村抱月、相馬御風／作曲・中山晋平　♪松井須磨子　大正3年

一　カチューシャかわいや　わかれのつらさ
　　せめて淡雪　とけぬ間と
　　神に願いを（ララ）かけましょうか

二　カチューシャかわいや　わかれのつらさ
　　今宵ひと夜に　降る雪の
　　あすは野山の（ララ）路かくせ

三　カチューシャかわいや　わかれのつらさ
　　せめて又逢う　それまでは
　　同じ姿で（ララ）いてたもれ

四　カチューシャかわいや　わかれのつらさ
　　つらいわかれの　涙のひまに
　　風は野を吹く（ララ）日はくれる

五　カチューシャかわいや　わかれのつらさ
　　ひろい野原を　とぼとぼと
　　独り出て行く（ララ）あすの旅

「カチューシャの唄」

・大正3年3月、帝国劇場での芸術座公演『復活』の劇中歌。
・中山晋平の処女作。
・カチューシャ役の松井須磨子が歌う。
・平易な歌詞と旋律が好まれ、また『復活』公演の人気とも相まって全国を風靡、各地に広まり、大正時代最大のヒット曲となる。
・日本の流行歌第1号。伝統的な邦楽ではなく、唱歌でも童謡でもない「流行歌」の誕生となった。

島村抱月

歌碑　松代町清野林正寺境内

松井須磨子演劇碑　小林家墓所

松井須磨子

カチューシャ唄像

松井須磨子（1886-1919）　新劇女優

・本名小林正子
・長野県埴科郡清野村（現・長野市松代町清野）に生まれる。
・坪内逍遥の文芸協会演劇研究所第1期生となる。
・大正3年、島村抱月と芸術座を旗揚げし、『復活』（トルストイ原作、抱月訳）のカチューシャ役が大当り。
・抱月が、スペイン風邪で大正7年11月5日病死すると、2ヶ月後の1月5日、芸術倶楽部の道具部屋において縊死。
・抱月と不倫関係にあった須磨子は、遺書で抱月の墓に一緒に埋葬されることを望んでいたがそれは叶わず、実家の小林家墓所に埋葬される。

北信地方　29

蛙の笛

作詞・斎藤信夫／作曲・海沼實　昭和21年

一　月夜の　田圃で　コロロコロロ
　　コロロコロロ　鳴る笛は
　　あれはね　あれはね
　　あれは蛙の　銀の笛
　　ささ　銀の笛

二　あの笛きいてりゃ　コロロコロロ
　　コロロコロロ　眠くなる
　　あれはね　あれはね
　　あれは蛙の　子守唄
　　ささ　子守唄

三　蛙が笛吹きゃ　コロロコロロ
　　コロロコロロ　夜が更ける
　　ごらんよ　ごらんよ
　　ごらんお月さんも　夢みてる
　　ささ　夢みてる

「蛙の笛」
・海沼實が故郷の信州・松代を偲んで、作曲する。
・川田正子がＮＨＫラジオで放送。
・昭和23年、川田正子／孝子でレコード化。
・賀来琢磨が振り付け。幼稚園や小学校の学芸会で演じられる。

歌碑　松代町真田公園

子鹿のバンビ

作詞・坂口淳／作曲・平岡照章　♪古賀さと子　昭和27年

一
子鹿のバンビは　かわいいな
お花がにおう　春の朝
森のこやぶで　生まれたと
みみずくおじさん　いってたよ

二
子鹿のバンビは　くり毛色
せなかに白い　てんてんよ
細いあんよで　かけだせば
野原のちょうちょうも　こんにちは

三
子鹿のバンビは　元気だね
ちらちら雪が　降りだして
池に氷が　はるころは
とんすけうさぎと　スケートよ

四
子鹿のバンビは　やさしいな
弱虫いじめ　しないもの
今に大きく　なったなら
すてきなぼくらの　王様だ

アニメ映画『バンビ』
・1942年、ディズニーが制作。
・昭和26年、日本で公開、大ヒット。

「子鹿のバンビ」
・昭和27年、ビクターがレコード化。
・古賀さと子が歌う。
・可愛いバンビの物語とともに、健康的で明るい歌が、素晴らしい勢いで売れ、大ヒットとなる。

歌碑　松代町真田公園

松代町が生んだ作詞・作曲家

海沼實（1909-1971）　作曲家

・同郷の作曲家、草川信や音楽学校時代の同級生である成田為三らに師事。

・東洋音楽学校在学中に音羽ゆりかご会を創立。

・数多くの国民的ヒット作品を生む。

・川田三姉妹の発掘や戦後の童謡黄金期を形成した作曲家としてその功績は日本童謡界屈指のものと評価される。

坂口淳（1908-1974）　作詞家

・西条八十に師事。キングレコード入社、のちにビクターの専属作詞家となる。

・長い間、童謡同人誌『熊ん蜂』発行。

主な作品：「マロニエの木陰」「子鹿のバンビ」「ママのおひざ」など。

山上武夫（1917-1987）　作詞家

・故郷の先輩、草川信の活躍や海沼實の動向に触発され、詩作を志し上京。

・海沼實との師弟関係は終生続く。

・昭和44年、第11回日本レコード大賞童謡賞に輝く。

主な作品：「お猿のかごや」「見てござる」「欲しがりません勝つまでは」など。

松代町に点在する歌碑

みかんの花咲く丘　真田公園

からすの赤ちゃん　真田公園

汽車ポッポ　長野電鉄旧松代駅舎前

やさしいおかあさま　松代小学校

春のうた　真田公園

お猿のかごや　法泉寺境内

北信地方　33

東信地方

小諸馬子唄

一 小諸出て見りゃ 浅間の山に
  今朝も三筋の 煙立つ

二 小諸出抜けて 唐松（地名）
  行けば松の露やら 涙やら

三 田舎田舎と 都衆は言えど
  しなの良いのが 小室節

四 さした盃 眺めてあがれ
  中に鶴亀 五葉の松

五 祝い目出度の 若松さまよ
  枝も栄える 葉も繁る

六 小諸通れば 馬子衆の歌に
  鹿の子振袖 ついなれそ

七 さても見事な おおづら馬よ
  馬子の小唄に 小室節

「小諸馬子唄」

・小諸市周辺を発祥とする民謡。
・小諸の古名から「小室節」とも呼ばれる。
・碓氷峠を中心に往来する馬子衆によって詠われた馬子唄。
・昭和12年、赤坂小梅によってレコード化、全国的に歌われるようになる。
・小諸市の「重要無形民俗文化財」に指定。

浅間山

望月小唄

作詞・甘利英男／作曲・中山晋平　昭和3年

一　私しゃ　信州ヤレ　望月の生まれ
　　山家育ちでも実がある
　　ヤンレ　スッチョコ　ションガイナ
　　ヤレコレ　スッチョコ　ションガイナ
　　（以下、囃子同じ）

二　鹿曲　狭間に　ヤレ　咲き出た
　　花は　意気と　情の　色もよう

三　俺が　望月　ヤレ　殿居の　城の
　　駒に　乗せたい　逢わせたい

四　更けた　鹿曲に　ヤレ　夜なよな
　　通う　恋のかけはし　中の橋

五　駒の　ひづめの　ヤレ　後置く城に
　　その名　くちせぬ　観世音

六　夕べの　鹿曲に　ヤレ　狭霧がたてば
　　色に　浮き立つ　中の橋

「望月小唄」

・望月は、中山道の一宿として栄えた。
・大正から昭和初期にかけ繭集散地として賑う。
・その頃望月小唄ができた。
・現在は、毎年8月15日、「榊祭り」に町民が歌い、踊る。

歌川広重　木曽海道六拾九次之内「望月宿」

東信地方

千曲川旅情の歌

作詞・島崎藤村／作曲・弘田龍太郎　大正14年

小諸なる古城のほとり
雲白く遊子悲しむ
緑なす繁縷は萌えず
若草も藉くによしなし
しろがねの衾の岡辺
日に溶けて淡雪流る

あたゝかき光はあれど
野に満つる香も知らず
浅くのみ春は霞みて
麦の色わづかに青し
旅人の群はいくつか
畠中の道を急ぎぬ

暮れ行けば浅間も見えず
歌哀し佐久の草笛
千曲川いざよふ波の
岸近き宿にのぼりつ
濁り酒濁れる飲みて
草枕しばし慰む

千曲川のほとりにて
昨日またかくてありけり
今日もまたかくてありなむ
この命なにを齷齪
明日をのみ思ひわづらふ
いくたびか栄枯の夢の
消え残る谷に下りて
河波のいざよふ見れば
砂まじり水巻き帰る

嗚呼古城なになをか語り
岸の波なになをか答ふ
過し世を静かに思へ
百年もきのふのごとし
千曲川柳霞みて
春浅く水流れたり
たゞひとり岩をめぐりて
この岸に愁を繋ぐ

「千曲川旅情の歌」

・藤村は明治33年、「小諸なる古城のほとり」で始まる詩を「旅情」
として『明星』創刊号に発表。翌年、『落梅集』の収録で「小諸
なる古城のほとり」と改題した。

・一方、「昨日またかくてありけり」で始まる詩を「一小吟」の名で『文
界』に発表。『落梅集』で「千曲川旅情の歌」とした。

・昭和2年、『藤村詩抄』においては前者を「小諸なる古城のほとり」とし、後者を「千曲川のほとりにて」とし、併せて題名を「千曲川旅情の歌」とした。

小諸市立藤村記念館

・所在地：懐古園内（小諸市丁315）
・昭和27年、藤村会と小諸町で記念館設立を計画。
・昭和32年、谷口吉郎博士設計により、竣工。

・翌33年、開館式が行われ、34年小諸市に移管、小諸市立藤村記念館となる。
・展示物は、藤村の小諸時代の作品を中心に多数紹介。
・藤村記念館は、他に、馬籠の藤村生家跡にある。

島崎藤村 (1872-1943)　詩人、小説家

・信州木曽の中山道馬籠（現在の岐阜県中津川市馬籠）生まれ。
・ロマン主義詩人として『若菜集』『落梅集』など出版。
・『破戒』『夜明け前』などで自然主義作家、文豪と称される。
・『東方の門』執筆中の昭和18年8月22日、大磯町で死去。

・墓所：神奈川県大磯町地福寺。馬籠の永昌寺に分骨。
・戒名：文樹院静屋藤村居士
・例年8月22日には、小諸市藤村記念館前と地福寺とで藤村忌が執り行われる。

「昨日またかくてありけり」詩碑　　　「小諸なる古城のほとり」詩碑
佐久市稲荷山公園　　　　　　　　　　小諸市懐古園内

小諸時代における藤村の作品
『千曲川のスケッチ』
- 藤村が小諸義塾に赴任した際に、小諸を中心とした千曲川一帯の自然やそこに住む人々の暮らしを鮮やかに描写したもの。
- 『中学世界』に明治44年6月号から9月号に連載し、翌年12月に刊行された。藤村が詩から散文へと表現法を移行する中間点にある作品。

『破戒』
- 被差別部落出身の小学校教師がその出生に苦しみ、ついに告白するまでを描く。
- 藤村が小説に転向した最初の作品、日本自然主義文学の先陣を切る。
- 夏目漱石は、『破戒』を「明治の小説としては後世に伝ふべき名篇也」と評価した。
- 昭和23年、劇団「民衆芸術劇場」が第1回公演として瀧澤修、宇野重吉らで『破戒』（村山知義脚色）を帝国劇場で上演。

惜別のうた

作詞・島崎藤村／作曲・藤江英輔　昭和19年

一
遠き別れに　耐えかねて
この高殿に　登るかな
悲しむなかれ　我が友よ
旅の衣を　ととのえよ

二
別れと言えば　昔より
この人の世の　常なるを
流るる水を　眺むれば
夢はずかしき　涙かな

三
君がさやけき　目の色も
君くれないの　くちびるも
君がみどりの　黒髪も
またいつか見ん　この別れ

四
君がやさしき　なぐさめも
君が楽しき　歌声も
君が心の　琴の音も
またいつか聞かん　この別れ

「惜別のうた」

・藤江英輔が中央大学学生時代、戦地に赴く学友を送るに際し、惜別の情を込め、藤村の『若菜集』収録の「高楼」を「惜別のうた」として作曲。
・中央大学の学生歌。
・昭和30年代、歌声喫茶で歌われる。
・その後レコード化。小林旭が歌い人気を博する。

歌碑　小諸市小諸義塾記念館脇

東信地方　41

落葉松(からまつ)

作詞：野上彰

落葉松の 秋の雨に
わたしの 手が濡れる
落葉松の 夜の雨に
わたしの 心が濡れる
落葉松の 陽のある雨に
わたしの 思い出が濡れる
落葉松の 小鳥の雨に
わたしの 乾いた眼が濡れる

作詞：北原白秋

からまつの林を過ぎて
からまつをしみじみと見き
からまつはさびしかりけり
たびゆくはさびしかりけり

からまつの林を出でて
からまつの林に入りぬ
からまつの林に入りて
また細く道はつづけり

二つの歌曲「落葉松」
- 北原白秋：大正10年、自由教育夏季講習会で軽井沢・星野温泉に滞在。散策中にカラマツの芽吹きに感激して詠む。
- 文芸誌『明星』に発表。白秋の最高傑作。長村金二・井上武士・後藤総一郎などが作曲。
- 野上彰：昭和22年、軽井沢をこよなく愛した野上が作詞。親交のあった小林秀雄が昭和47年に曲を付けた。

北原白秋（1885-1942）　詩人、童謡運動の先駆者

主な作品：「城ヶ島の雨」「この道」「からたちの花」など。

軽井沢文学
- 軽井沢に、一大文学サロンのように文人が集まった。北原白秋・島崎藤村・芥川龍之介・堀辰雄、谷崎潤一郎など。

北原白秋

三笠通りの落葉松林

・軽井沢を創作の場とし、軽井沢文学誕生と言われた。

軽井沢

・日本一の別荘地としてあまりに有名。
・明治21年、英国宣教師が別荘を建設、以後広まる。
・日本の上流階級も争って別荘を建てるようになる。
・独特な雰囲気を漂わせ国際的避暑地となる。

千曲川

作詞・山口洋子／作曲・猪俣公章　♪五木ひろし　昭和50年

一
水の流れに　花びらを
そっと浮かべて　泣いたひと
忘れな草に　かえらぬ恋を
想い出させる　信濃の旅路よ
明日はいずこか　浮き雲よ

二
煙りたなびく　浅間山
呼べどはるかに　都は遠く
秋の風立つ　すすきの径よ
ひとりたどれば　草笛の
音(ね)いろ哀しき　千曲川

三
寄せるさざ波　くれゆく岸に
里の灯ともる　信濃の旅路よ

「千曲川」

・作詞家・山口洋子が、五木ひろしのＮＨＫ紅白歌合戦のトリを歌わせたいという情熱を持って作詞する。
・45万枚を超える売り上げを記録、五木の代表作の一つ。
・第17回日本レコード大賞最優秀歌唱賞。
・五木は、第26回紅白のトリで「千曲川」を歌う。

歌碑　上山田温泉万葉橋西側

千曲川　信濃川水系、一級河川
・長野県北東部を流れる川、長さ214km。
・甲武信ヶ岳に発源し、佐久、上田、長野へと流下し、川中島で犀

川と合流する。
・北信濃を経て、新潟県に入り、信濃川となる。
・詩情豊かな周辺の風景は優れた詩歌などを生む。

上田橋から下流の千曲川

高原メロディー

作詞・山岡勝人／作曲・大村能章　♪東海林太郎　昭和10年

一
吹けよ春風　山肌とける
佐久は雪消よ　千曲は水瀬

二
旅の駒鳥　羽ばたき軽く
夢が萌えたつ　草みどり
雲の涯から　明けゆく高嶺
ほのかほのぼの　谷間は狭霧
あれよ八ケ嶺　希望に勇む

三
行こよキャンプに　尾根こえて
野分さやかに　穂萱が招く
心なでしこ　千草を渡りゃ
誰の思いか　浅間のけむり
黒馬よ帰ろよ　陽が落ちる

四
雪の蓼科　スキーに暮れて
月もほのかな　白樺林
焚火囲んで　若さを語りゃ
山の神秘な　夜がふける

「高原メロディー」

・昭和10年11月29日、小海線全通を祝って作られた。
・地元の記者クラブが歌詞募集。
・岡谷市の山岡勝人さんが当選。
・大村能章が作曲、東海林太郎の歌でレコード化。

東海林太郎（1898-1972）　歌手

・ロイド眼鏡・燕尾服を着用し直立不動の姿勢で歌う。
・信州ゆかりの歌では「高原メロディー」のみ。

主な歌：「赤城の子守唄」「野崎小唄」「椰子の実」「麦と兵隊」「名月赤城山」など。

高原列車は行く

作詞・丘灯至夫／作曲・古関裕而　♪岡本敦郎　昭和29年

一
汽車の窓から　ハンケチ振れば
牧場の乙女が　花束なげる
明るい青空　白樺林
山越え　谷越え　はるばると
ラララ　ララ　ラララララ
高原列車は　ラララララ　ラララララ
ラララ　ララ　ラララララ
高原列車は　ラララララ　行くよ

二
みどりの谷間に　山百合揺れて
君らの泊りも　温泉(いでゆ)の宿か
歌声ひびくよ　観光バスよ
山越え　谷越え　はるばると
ラララ　ララ　ラララララ
高原列車は　ラララララ　行くよ

三
峠を越えれば　夢見るような
五色(ごしき)の湖　飛び交う小鳥
汽笛も二人の　しあわせうたう
山越え　谷越え　はるばると
ラララ　ララ　ラララララ
高原列車は　ラララララ　行くよ

JR小海線

・小淵沢駅—小諸駅78.9km。
・八ヶ岳東麓の野辺山高原から千曲川の上流に沿って佐久盆地までを走る高原鉄道。
・標高1,375mのJR鉄道最高地点。
・八ヶ岳高原線の愛称で親しまれる。

ＪＲ小海線海尻駅近く

東信地方　47

佐久の鯉太郎

作詞・佐伯孝夫／作曲・吉田正　♪橋幸夫　昭和42年

一
信州　佐久の鯉太郎
とてもうぬ等の　長脇差（どす）じゃ無理
月の出ぬ間に　消えちまえ
けちな面（つら）など　けちな面など　見たかねえ
おもかげばかり　なぜ残る
忘れかねての　またの秋

二
峠一つも　七曲り
落葉しぐれの　落葉しぐれの　三度笠
草鞋（わらじ）の先よ　ふるさとへ

三
向いちゃ苦業が　むだになる
なるな涙に　旅がらす
夢に流れろ　夢に流れろ　千曲川

「佐久の鯉太郎」

・鯉太郎は架空の侠客。
・作詞家、佐伯孝夫が「勘太郎月夜唄」に次いで作詞。
・橋幸夫が歌いヒット。
・ビクターでレコード化。30万枚売り上げ。

佐久鯉

・全国ブランドとして有名。
・江戸時代、小諸藩主に献上。
・旨さは気候風土と、千曲川の清冽な水。
・レパートリーは、あらい、うま煮、鯉こく、塩焼きなど。
・毎年5月、佐久市で「佐久鯉まつり」が開かれる。

北風小僧の寒太郎

作詞・井出隆夫／作曲・福田和禾子　♪田中星児　昭和47年

一
北風小僧の寒太郎
今年も町までやってきた
ヒューン ヒューン
ヒュルルンルンルン
冬でござんす
ヒュルルルルルン

二
北風小僧の寒太郎
口笛吹き吹き一人旅
ヒューン ヒューン
ヒュルルンルンルンルン
寒うござんす
ヒュルルルルルン

三
北風小僧の寒太郎
電信柱も泣いている
ヒューン ヒューン
ヒュルルンルンルンルン
雪でござんす
ヒュルルルルルン

「北風小僧の寒太郎」

・昭和47年、NHK『おかあさんといっしょ』の番組の「うたのえほん」のため井出隆夫が作詞。
・井出自身が幼少時代を過ごした長野県南佐久郡小海町の松原湖の湖面を行く北風を思い出しながら作詞する。
・NHKの番組中で最初に田中星児が歌う。
・寒太郎という言葉は、寒の入り（小寒）を擬人化したもの。

歌碑　松原湖畔水辺公園

東信地方　49

北国の春

作詞・いではく／作曲・遠藤実　♪千昌夫　昭和52年

一
白樺　青空　南風
こぶし咲くあの丘　北国の
ああ　北国の春
季節が都会ではわからないだろと
届いたおふくろの小さな包み
あの故郷へ帰ろかな　帰ろかな

二
雪どけ　せせらぎ　丸木橋
落葉松の芽がふく　北国の
ああ　北国の春
好きだとおたがいに言いだせないまま
別れてもう五年あの娘はどうしてる
あの故郷へ帰ろかな　帰ろかな

三
山吹　朝霧　水車小屋
わらべ唄聞こえる　北国の
ああ　北国の春
兄貴もおやじ似で無口なふたりが
たまには酒でも飲んでるだろか
あの故郷へ帰ろかな　帰ろかな

ＪＲ小海線海尻駅

いではく誕生の地：北国の春
平成２年、いではく後援会が建立

「北国の春」
・ＮＨＫ紅白歌合戦３年連続で同一曲を歌うのは「北国の春」が史上初。

- 千昌夫がテレビ番組に出演する際、くたびれた外套に帽子、古ぼけたトランクに長靴という姿で歌い、ヒットに繋がる。
- レコード累計売上数300万枚。
- テレサテンが台湾で『私とあなた』で歌う。
- 中国を含めアジア圏では、15億人の愛唱歌となる。
- 「北国の春」は千昌夫の故郷、岩手県を歌ったものと思われていた。
- 作詞者のいではくは、自身の故郷（長野県南牧村）がある信州の春の情景を描いた、と語る。
- 一方、遠藤実は、自身の故郷新潟県をイメージして作曲した、と言う。
- 第21回レコード大賞ロングセラー賞受賞。

いではく　作詞家
- 長野県南佐久郡南牧村海尻出身。
- 日本音楽著作権協会（JASRAC）会長。

主な作品：「親子流し唄」「比叡の風」「包丁一代」「すきま風」「北国の春」「昭和流れ歌」「ふたりの春」「信濃路梓川」など。

遠藤実（1932-2008）　歌謡界を代表する作曲家
- 生涯作品数5,000曲と言われる。
- 国民栄誉賞受賞。

いではく

主な作品：「からたち日記」「星影のワルツ」「せんせい」「くちなしの花」「すきま風」「北国の春」「雪椿」など。

千昌夫　歌手
- 遠藤実に入門。

主な歌：「星影のワルツ」「北国の春」「味噌汁の詩」「津軽平野」「いっぽんの松」など。

東信地方

雪山讃歌

作詞・西堀榮三郎／作曲 P・モントローズ　昭和2年

一　雪よ岩よわれらが宿り
　　おれたちゃ町には住めないからに
　　おれたちゃ町には住めないからに

二　シールはずしてパイプの煙
　　けむい小屋でも黄金(こがね)の御殿
　　早く行こうよ谷間の小屋へ

三　輝く尾根に春風そよぐ
　　輝く尾根に春風そよぐ
　　早く行こうよ谷間の小屋へ

四　雨が降ったらぬれればいいさ
　　雨が降ったらぬれればいいさ
　　テントの中でも月見はできる

五　今日も行こうよあの山越えて
　　今日も行こうよあの山越えて
　　朝日に輝く新雪踏んで

六　山よさよならごきげんよろしゅう
　　また来る時にも笑っておくれ
　　また来る時にも笑っておくれ

歌碑　紅葉館近く

鹿沢温泉

・現在は群馬県吾妻郡嬬恋村。

・江戸時代は、周辺一帯が祢津領（信州小県郡祢津村）。

・標高1,500mの高所、上信越高原国立公園に位置。

西堀榮三郎（1903-1989）　無機化学者、登山家

・第一次南極観測隊越冬隊長。
・桑原武夫、今西錦司らと共に、登山家として活躍。
・日本山岳協会長を務める。

「雪山讃歌」

・昭和２年２月、京都帝大、西堀榮三郎らが鹿沢温泉紅葉館に滞在のとき、退屈しのぎに「山岳部の歌」を作ろうということになり、アメリカの「オーマイ・ダーリン・クレメンタイン」の曲に合わせ作詞した。
・昭和34年、ダークダックスがレコード化、昭和36年、ＮＨＫ紅白で歌う。
・山男の愛唱歌となる。

ダークダックス

・慶應義塾大学経済学部出身。
・慶應ワグネル・ソサイエティ男声合唱団出身の４人組のコーラスグループ。
・昭和30年、日劇出演でプロ化。
・昭和31年に「ともしび」、昭和41年「銀色の道」など大ヒット。
・ロシア民謡・山の歌・唱歌など幅広いジャンルの数千曲に及ぶ楽曲をレパートリーとした。
・ＮＨＫ紅白出場15回に及ぶ。
・昭和62年、長期活動するコーラスグループとしてギネス世界記録に認定。

東信地方　53

旅の夜風

作詞・西条八十／作曲・万城目正　♪霧島昇、ミス・コロムビア　昭和13年

一
花も嵐も　踏み越えて
行くが男の　生きる道
泣いてくれるな　ほろほろ鳥よ
月の比叡を　一人行く

二
優しかの君　ただ独り
発たせまつりし　旅の空
可愛い子供は　女の生命
なぜに淋しい　子守唄

三
加茂の河原に　秋長けて
肌に夜風が　沁みわたる
おとこ柳が　なに泣くものか
風に揺れるは　影ばかり

四
愛の山河　雲幾重
心ごころは　隔てても
待てば来る来る　愛染かつら
やがて芽をふく　春が来る

川口松太郎著『愛染かつら』『婦人倶楽部』に連載。
・筋書き：愛し合う病院長の息子と子持ちの看護師が、周囲の迫害に耐え、幾度かのすれ違いを繰り返しながらついに結ばれるまでの波瀾万丈のメロドラマ。

映画『愛染かつら』
・昭和13年、松竹で映画化。主演上原謙・田中絹代。
・『愛染かつら前編・後編』『続愛染かつら』『愛染かつら完結篇』の3部作。戦前空前の大ヒット作。

「旅の夜風」
・映画『愛染かつら』の主題歌。
・霧島昇／ミス・コロンムビアが歌い、当時としては80万枚を超す驚異的ヒットとなり、現在もカラオケで歌われる。
・主題歌として他に「悲しき子守唄」：ミス・コロムビアが歌いヒット。

別所温泉北向観音境内カツラの巨木

- 川口松太郎は、このカツラの木と、木に隣接する愛染明王堂に着想を得て、一編の恋愛ドラマを書き上げた。
- 小説及び映画の大ヒットによって、この巨木は「愛染カツラ」と呼ばれるようになる。
- 長野県は昭和14年に、上田市は昭和49年に、それぞれ天然記念物に指定。

西条八十（1892-1970）　作詞家、仏文学者
主な作品：「かなりや」「鞠と殿様」「東京行進曲」「侍ニッポン」「天國に結ぶ戀」「旅の夜風」「東京音頭」「サーカスの唄」「純情二重奏」「誰か故郷を想わざる」「蘇州夜曲」「若鷲の歌」「三百六十五夜」「トンコ節」「青い山脈」「ゲイシャ・ワルツ」「この世の花」「王将」など。

霧島昇（1914-1984）　戦前から戦後にかけて活躍した流行歌手
主な歌：「露営の歌」「旅の夜風」「一杯のコーヒーから」「純情二重奏」「誰か故郷を想わざる」「蘇州夜曲」「新妻鏡」「若鷲の歌」「勝利の日まで」「リンゴの唄」「三百六十五夜」「白虎隊」「石狩エレジー」など。

中信地方

北安曇郡歌

作詞・浅井洌／作曲・早川喜左衛門　明治36年

一
山嶽めぐる北安曇　高嶺の雪は夏寒し
溶けて落ちくる谷水の　末は姫川　高瀬川
その中央の佐野坂は　北と南の分水地

二
町村数は十七の　中にも池田大町は
郡内百貨の輻湊地　五穀蚕業　麻たばこ
造林開墾　年々に　輸出の額もいと多し

三
青木中綱　木崎湖は　北より南に相ならび
その水脈も連なりて　沖の釣り舟　網びき舟
秋の木の葉と見るまでに　浮かべるさまぞ面白き

四
木崎湖畔に　いにしえの　仁科の城の跡といえば
誰が昔を忍ばざる　世々は移れど武士の
しるき功は末長く　国史にこそは残るなれ

五
登波離の橋や山清路　清音の滝や仏崎
鐘の音ひびく大澤寺　千木聳えたる神明宮
尋ねてぞみん名勝地　四方にその名ぞ知られたる

六
三湯は葛の湯小谷の湯　山深けれど避暑によく
諸病にもまたしるしあり　訪う人もなき岳の湯は
湧きいずれども名のみにて　所得ぬこそ恨みなれ

七
信濃富士てふ有明山　殊に高きは槍が岳
烏帽子とり着てえびら負い　乗鞍おかん白馬に
数え来たれば山の名は　四五六岳にとどまらず

八
真神すみし野あら熊の　うつぼの洞の谷かげも
道平らけく馬車　交通運輸　便りよく
文明開化　光りそう　御代にあうこそ楽しけれ

歌碑
池田町北アルプス展望美術館前

やまぼうし（音楽活動グループ）の
「北安曇郡歌」演奏風景

筆者所蔵

「北安曇郡歌」
- 明治36年、北安曇教育会の依頼により、作詞は「信濃の国」と同じ浅井洌、作曲は長野師範学校・音楽教師、早川喜左衛門。
- 北安曇の風土や歴史を詠みこんだ格調高い曲として誕生。
- 作った意図は定かではないが、郡民共通の歌を口にすることにより生まれるであろう"一体感意識"にあった。
- 郡歌には、当時の17町村の地名を盛り込み、北アルプスの山々や豊かな水資源、史跡などを歌っている。

北安曇郡歌普及会
- 池田町の住民有志で作る北安曇郡歌普及会は、大北各市町村共通の故郷を歌う歌として、次世代への継承を目指しCD制作など普及に努めている。

北安曇・大町で遺したい唄

池田小唄

作詞・公募／作曲・平林文次

一　池田　池田よいとこ　住みよいところ
ヨイトサノセ
町は明るい　エーササ　田は広い
セッセノセ　ヨイトコリャセ

二　春は　春は桜で　秋また月見
ヨイトサノセ
歌の名のでた　エーササ　登波離橋
セッセノセ　ヨイトコリャセ

三　神代　神代ながらの　八幡様に
ヨイトサノセ
合わせ舞う娘の　エーササ　あで姿
セッセノセ　ヨイトコリャセ

四　高瀬　高瀬河原の　宵待草に
ヨイトサノセ
誰を待つやら　エーササ　夕涼み
セッセノセ　ヨイトコリャセ

白馬小唄

作詞・西沢爽／作曲・市川昭介

一　ここは白馬　雪渓一里
ピッケル片手にさくさく登る
登る行く手の狭霧の中で
ヤッホーヤッホーの声がする

二　ここは白馬　東の空に
けむりたなびく浅間と白根
レンズ覗いてピントを合わせ
日の出待つ間の一休み

三　ここは白馬　風さえかおる
お花畑でヒルネをすれば
夢に駒草　想いが通う
岳は八月　花盛り

四　ここは白馬南を見れば
鹿島　針ノ木　槍　穂高岳
西に白山　立山　剣
下はせいろの佐渡ヶ島

大町小唄

作詞・伊藤松雄／作曲・中山晋平

一　山に登ろかヨ　ホホイ
　　登ろよ山に　ヤレコノサ
　　みそら十里は　岳の町
　　コノヤレコノ　大町やヨ

二　山をくだろかヨ　ホホイ
　　くだろよ山を　ヤレコノサ
　　夜の安曇野　光る町
　　コノヤレコノ　大町やヨ

三　北は白馬ヨ　ホホホイ
　　南は穂高　ヤレコノサ
　　どちら立山　思案町
　　コノヤレコノ　大町やヨ

四　鹿島籠川ヨ　ホホホイ
　　高瀬の渓谷に　ヤレコノサ
　　忍ぶ岩魚の　逢瀬町
　　コノヤレコノ　大町やヨ

大町音頭

作詞・作曲／加茂六郎

一　霧が流れる　夕日が沈む　ままよ今夜は　大町泊り
　　明日は登るよ　あの尾根越えて
　　信濃大町　信濃大町　ダムの町

二　年に一度の　大町まつり　粋な若衆の　流鏑馬振りは
　　咲いた水藻の　花摘みながら
　　信濃大町　信濃大町　湖の町

三　いつか木崎の　湖畔の宿へ　ひとり来たのも　想い出草に
　　手綱さばきも　手綱さばきも　あざやかに
　　夏の大町　王子の宮で

四　旅に誘われ　信濃路来たら　嶺は白雪　ふもとにゃ湯の香
　　むかしゃ奥山　谷また谷の　鳥も通えぬ　黒部の秘境
　　ここは大町　温泉郷で

五　今じゃ大町　ひとすじ道を　ちょいと車で　ひとまたぎ
　　旅に誘われ　信濃路来たら

六　葛の葉かげに　かもしか鳴いて　山は紅葉の　七色模様
　　さては　見事な　高瀬の秋を
　　信濃大町　信濃大町　お湯の町

七　つきぬ名残りか　大町あたり　空にほんのり　高嶺が見える
　　ひと目だけでも　ひと目だけでも　見せたいな
　　せめて今宵は　しみじみ酔をか

八　槍にしようか　烏帽子にしよか　ここは思案の　葛の湯まかせ
　　ひと夜過ごせば　力があふれ
　　信濃大町　信濃大町　山の町

九　一夜泊りか　二夜となって　帰りともない　仮寝の夢で
　　さあさ登るぜ　さあさ登るぜ　あの槍へ
　　逢いに来ました　高嶺の花が
　　信濃大町　信濃大町　恋の町

大町やまびこ音頭

作詞・くるみの会（北沢勝二、草飼稔、恩田慶明、秋園隆、金田国武）／
作曲・小山清茂

一　日本アルプス　春よぶ尾根で
　種まきじいさん　腰あげりゃ　ソレ
　おらが大町ァ　ホーラネ　ソレソレヤッホー
　花が咲く　花が咲く
　コレサ大町ァ　ソオジャネカ
　おらが大町や　いいところ　いいところ

二　霧のみずうみ　小舟を出せば
　風がささやく　恋ごころ　ソレ
　おらが大町ァ　ホーラネ　ソレソレヤッホー
　誰をまつ　誰をまつ
　コレサ大町ァ　ソオジャネカ
　おらが大町や　いいところ　いいところ

三　山は初雪　紅葉をしょって
　ずくなしでてこい　笛太鼓　ソレ
　おらが大町ァ　ホーラネ　ソレソレヤッホー
　黄金いろ　黄金いろ
　コレサ大町ァ　ソオジャネカ
　おらが大町や　いいところ　いいところ

四　まねく雪ん子　あの山こえりゃ
　里は湯けむり　雪の宿　ソレ
　おらが大町ァ　ホーラネ　ソレソレヤッホー
　灯がともる　灯がともる
　コレサ大町ァ　ソオジャネカ
　おらが大町や　いいところ　いいところ

五　みんな寄ってこい　やまびこまつり
　歌えや　踊れ　輪になって　ソレ
　おらが大町ァ　ホーラネ　ソレソレヤッホー
　虹のまち　虹のまち
　コレサ大町ァ　ソオジャネカ
　おらが大町や　いいところ　いいところ

安曇節

創作・榛葉太生　大正12年

一　寄れや寄ってこい　安曇の踊り
　　田から町から　田から町から
　　野山から　野山から　野山から
　　チョコサイコラコイ

二　日本アルプス　どの山見ても
　　冬の姿で　夏となる

三　うき世離れた　高瀬の渓よ
　　湯俣水俣　葛の温泉よ

四　何か思案の　有明山に
　　小首かしげて　出たわらび

五　嬉し恥ずかし　大町りんご
　　赤い顔して　主を待つ

六　青木中綱　木崎で沸いた
　　赤魚はね出す　農具川

七　槍を下れば　大町泊り
　　今日も岩魚の　舌づつみ

八　槍で別れた　梓と高瀬
　　めぐり逢うのが　押野崎

「安曇節」

・古くから安曇地方で唄われていた代掻き唄・田植え唄など基にして大正12年、松川村の医師、榛葉太生（1883-1962）が、踊りと共に創作。
・以後、多くの人々によって新たな歌詞が生み出される。
・昭和58年松川村は、安曇節の唄と踊りを無形文化財に指定。
・県下四大民謡（「木曽節」「伊那節」「小諸馬子唄」）の一つ。

歌碑　安曇野市七貴犀川堤防上

歌碑　松川村セピア安曇野前

中信地方

早春賦

作詞・吉丸一昌／作曲・中田章　大正2年

一　春は名のみの　風の寒さや
　　谷の鶯　歌は思えど
　　時にあらずと　声も立てず
　　時にあらずと　声も立てず

二　氷解け去り　葦は角ぐむ
　　さては時ぞと　思うあやにく
　　今日も昨日も　雪の空
　　今日も昨日も　雪の空

三　春と聞かねば　知らでありしを
　　聞けば急かるる　胸の思いを
　　いかにせよとの　この頃か
　　いかにせよとの　この頃か

歌碑と作詞者・吉丸一昌ブロンズ像
ＪＲ信濃大町駅前公園広場

歌碑　大町市文化会館前庭

早春賦 "大町の歌よ" に関わった人たち

① 島田頴治郎

・「早春賦」作詞の きっかけを作る。
・東京音楽学校卒業。
・大町中学音楽教師。

旧制大町中学校

② 吉丸一昌

・東京音楽学校教授。
・教え子の島田が語る "春遅い大町地方の 情景" を基に「早春賦」を作詞。
・唱歌「早春賦」は、大正2年2月、歌集『新作唱歌』第3集に掲載、発売。

③ 崎山 輝

・歌集『新作唱歌』が発売された、翌々月、東京音楽学校を卒業した崎山輝が、大町実科高等女学校に音楽教師として赴任。
・崎山教師は、恩師の作った「早春賦」を「大町地方を題材にした歌」として生徒に歌唱指導する。

④ 北沢文恵

・崎山教師の教え子に、北沢文恵がいた。
・文恵はやがて生まれた娘の真知子に「早春賦」を "大町の歌よ" と言って、よく歌って聞かせた。
・文恵は、大町実科高等女学校を大正4年3月に卒業。

⑤ 山田真知子

・真知子は、母のことをよく覚えており、松山玉江らに私の母が、大町高女時代、音楽の先生から「早春賦」は "大町の歌よ" と聞かされていたことを話す。

⑥ 松山玉江

・平成となり、山田真知子・松山玉江・太田節子ら女性6人は、「大町に歌碑を建てよう」との強い思いが募り、多くの方々の協賛を得て平成12年10月「早春賦発祥の地」と銘打つ歌碑を、大町文化会館前庭に建立する。

中信地方 65

てるてる坊主

作詞・浅原鏡村／作曲・中山晋平　大正10年

一
てるてる坊主　てる坊主
あした天気に　しておくれ
いつかの夢の　空のよに
晴れたら　金の鈴あげよ

二
てるてる坊主　てる坊主
あした天気に　しておくれ
私の願いを　聞いたなら
甘いお酒を　たんと飲ましょ

三
てるてる坊主　てる坊主
あした天気に　しておくれ
それでも曇って　泣いてたら
そなたの首を　チョンと切るぞ

浅原六朗（1895－1977）　小説家、作詞家、俳人、大学教授
・長野県池田町に生まれる。
・大正10年、『少女の友』6月号に、"鏡村"のペンネームで、「てる
　　てる坊主」の歌を発表（初めての童謡作品）。
・昭和57年池田町は六朗の功績を讃え「てるてる坊主の館　浅原六
　　朗文学記念館」を設置。
・池田町では、毎年6月に、「てるてる坊主童謡まつり」が行われる。

歌碑
・昭和38年、池田町向陽会が中心となり、八幡神社境内に建立（次
　　頁左）。
・昭和36年、山本茂実（作家）が中心となり、松本市城山公園に建
　　碑（次頁右）。

こどものうた今昔

昔からの「わらべ唄」：子供たちが、口伝えに歌い継がれてきた唄で、数え唄・遊び唄・子守唄、など（ヨナ抜き音階）。「通りゃんせ」「ずいずいずっころばし」「かごめかごめ」など。

明治の頃：西洋音楽が入ってきた明治10年代から『小学唱歌集』『幼稚園唱歌集』が発行されたが、子供には歌詞が難解であった。

言文一致の歌：やがて、子供に理解しやすい口語体での言文一致の歌が作られるようになった。「キンタロウ」「うらしまたろう」（石原和三郎）「モモタロウ」（田辺友三郎）「鳩ぽっぽ」「お正月」（東くめ）など。

童謡運動：大正7年、児童文学者・鈴木三重吉による雑誌『赤い鳥』の発刊によって、「童謡」の創作活動が始まった。**代表的詩人**：野口雨情・北原白秋・西条八十。**作曲家**：中山晋平・本居長世・弘田龍太郎・草川信・成田為三。**主な歌**：「かなりや」（童謡第1号）「七つの子」「青い眼の人形」「雨降りお月さん」「夕焼小焼」「十五夜お月さん」など。

戦後のヒット曲：「みかんの花咲く丘」「里の秋」「めだかの学校」「ぞうさん」「犬のおまわりさん」「おもちゃのチャチャチャ」「およげ！たいやきくん」「山口さんちのツトム君」「だんご3兄弟」「黒ネコのタンゴ」など。

童謡歌手：安西愛子・松田トシ・本居みどり・川田正子・川田孝子・

中信地方　67

小鳩くるみ・古賀さと子・松島トモ子・芹洋子など。

合唱団：音羽ゆりかご会・ひばり児童合唱団・西六郷少年少女合唱団など。

童謡を歌う会：高齢者を主に、各地で「童謡を歌う会」が広まっている。

鈴木三重吉（1882-1936）「童謡」の創始者、児童文学者

・広島市出身。

・明治34年、第三高等学校を経て、東京帝国大学文科大学英文学科に入学。夏目漱石の講義を受ける。

・大正7年、児童雑誌『赤い鳥』を創刊、芸術性豊かな童謡を提唱。

・18年間（計196冊）刊行を続け三重吉死去と共に廃刊。

・『赤い鳥』は、児童尊重の教育運動を高め、教育界に大きな反響を与えた。

・三重吉による「童謡運動」は、日本の音楽史上、一大エポックを画した。

・三重吉の13回忌にあたる昭和23年から、「鈴木三重吉賞」が創設され、現在に続く。

とんがり帽子

作詞・菊田一夫／作曲・古関裕而　♪川田正子　昭和22年

一　緑の丘の　赤い屋根
　　とんがり帽子の　時計台
　　鐘が鳴ります　キンコンカン
　　メイメイ小山羊も　ないてます
　　風がそよそよ　丘の上
　　黄色いお窓は　おいらの家よ

二　緑の丘の　麦畑
　　おいらが一人で　いるときに
　　鐘が鳴ります　キンコンカン
　　鳴る鳴る鐘は　父母の
　　元気でいろよと　言う声よ
　　口笛吹いて　おいらは元気

三　とんがり帽子の　時計台
　　夜になったら　星が出る
　　鐘が鳴ります　キンコンカン
　　おいらは帰ります　屋根の下
　　父さん母さん　いないけど
　　丘のあの窓　おいらの家よ

四　おやすみなさい　空の星
　　おやすみなさい　仲間たち
　　鐘が鳴ります　キンコンカン
　　昨日にまさる　今日よりも
　　明日もっと　しあわせに
　　みんな仲良く　おやすみなさい

とんがり帽子の塔
北安曇郡小谷村千国　鐘の鳴る丘ゲレンデ

鐘の鳴る丘集会所

菊田一夫作『鐘の鳴る丘』

- 昭和22年から25年にかけ、NHKラジオで放送されたラジオドラマ、放送回数は790回に及ぶ。松竹で映画化。
- ストーリー：空襲により家も親も失った戦災孤児が街にあふれて

中信地方　69

いた時代、復員してきた主人公が孤児たちと知り合い、やがて信州の山里で共同生活を始め、明るく強く生きていくさまを描く。

・親・子供を問わず多くの人々の共感を呼び、大ヒットとなる。

「とんがり帽子」

・ラジオドラマでは、川田正子と音羽ゆりかご会の合唱で歌う。

・昭和22年、川田正子が少女歌手として最後にソロでレコード化。

鐘の鳴る丘集会所（安曇野市穂高有明）

・松竹映画『鐘の鳴る丘』の舞台となった青少年更生施設。

・現在は、近くに移設され建物のみ保存されている。

めえめえ児山羊

作詞・藤森秀夫／作曲・本居長世　大正10年

一
めえめえ　森の児山羊　森の児山羊
児山羊走れば　小石にあたる
あたりゃ あんよが あ痛い
そこで児山羊は　めえと鳴く

二
めえめえ　森の児山羊　森の児山羊
児山羊走れば　株こにあたる
あたりゃ 頭(あんま)が あ痛い
そこで児山羊は　めえと鳴く

三
児山羊走れば　朽木(どっこ)にあたる
薮(やぶ)こあたれば　腹こがちくり
朽木あたれば　頸こが折れる
折れりゃ児山羊は　めえと鳴く

藤森秀夫（1894-1962）　ドイツ文学者、童謡作家
・豊科町出身。
・旧制松本中学、旧制第一高等学校を経て東京帝大独文科卒。
・旧制第五高等学校・慶應義塾大学・金沢大学などの教授。
・山田耕筰・本居長世とのコンビでつくった歌は数十曲。

「めえめえ児山羊」
・作詞の原点はドイツの牧場という。

歌碑　豊科近代美術館前庭

中信地方

山小舎の灯(ともしび)

作詞作曲・米山正夫　♪近江俊郎　昭和22年

一
黄昏の灯は　ほのかに点りて
懐しき山小舎は　麓の小径よ
想い出の窓に凭り　君を偲べば
風は過ぎし日の　歌をば囁くよ
昏れゆくは白馬か　穂高は茜よ

二
樺の木のほの白き　影も薄れゆく
寂しさに君呼べど　我が声空しく
遥か谷間より　谺はかえり来る

三
山小舎の灯は　今宵も点りて
独り聴くせせらぎも　静かに更けゆく
憧れは若き日の　夢をのせて
夕べ星のごと　み空に群れ飛ぶよ

米山正夫（1912-1985）　作曲家
・昭和17年、学生時代の登山経験を題材に「山小舎の灯」を作詞・作曲。
・昭和22年、親友であった近江俊郎（1918-1992）にこの曲を持ち込む。
・近江はＮＨＫに持ち込み、ラジオ歌謡で歌う。
・コロムビアでレコード化。
・米山正夫の作曲家としての初の大ヒット曲となる。

主な作品：「山小舎の灯」「森の水車」「リンゴ追分」「三百六十五歩のマーチ」「みれん町」「寅さん音頭」など。

歌碑　諏訪市四賀八島湿原釜ケ池畔

白馬岳と穂高連峰が同時に見える燕山荘

　歌詞2番の"昏れゆくは白馬か　穂高は茜よ"について、両方同時に見える山小屋は無い、とクレームが付けられた。
　しかし、燕山荘からは可能であった。
　また、北アルプスの北部唐松岳頂上山荘からは見えないが、落葉松岳頂上からは眺望可能。

燕岳（2,763m）
- 北アルプスの女王と呼ばれる。
- 北アルプス（飛騨山脈）のほぼ中央に位置。（中部山岳国立公園内）
- 花崗岩で出来た山体。コマクサの群体が見られる。ライチョウも生息。
- 経路：ＪＲ穂高駅或いは有明駅→中房温泉→合戦尾根→山頂。
- 表銀座コース（燕岳→喜作新道→西岳→東鎌尾根→槍ヶ岳）の出発点。
- 学童集団登山で人気の山でもあった。
- 360度のパノラマ：富士山・穂高連峰・槍ヶ岳・白馬岳・浅間山など。
- 近くの大天荘からも、穂高連峰・白馬岳眺望可。

燕山荘　燕岳近くの山小屋
- 大正10年、登山家の赤沼千尋が「燕の小屋」を開業。
- 昭和3年、現在の「燕山荘」と改名。
- 北アルプスの山小屋の中でも歴史があり、多くの登山者に親しまれ利用されている。

燕山荘

中信地方

アルプス一万尺

作詞者・不詳／曲・アメリカ民謡（ヤンキー・ドゥードゥル）

一
アルプス一万尺
小槍の上で
アルペン踊りを
踊りましょう
ランララ ラララ
ランララ ラララ
ランララ ラララ
ラン

二
お花畑で
昼寝をすれば
蝶々が飛んできてキスをする
カッコウ鳴いて

三
蝶々がキスした
あの娘の袖を
染めてやりたや
あの娘の袖を

四
霧の中から朝が来る
キャンプサイトに
お花畑の
花模様

五
蝶々でさえも
二匹でいるのに
なぜに僕だけ
一人りぽっち

六
トントン拍子に
話が進み
キスする時に
目が覚めた

七
山のこだまは
返ってくるけど
僕のラブレター
返ってこない

八
ほんとに好きなら
眠られぬ
夢で見るよじゃ
ほれが浅い

九
チンネの頭に
ザイルをかけて
パイプ吹かせば
胸が湧く

十
剱のテラスに
ハーケン歌うよ
青空に
ハンマー振れば

十一
槍や穂高は
かくれて見えぬ
見えぬあたりが
槍穂高

十二
ザイル担いで
一度胸試し
明日は男の
穂高の山へ

十三
穂高のルンゼに
ヨーデル唄えば
雲が湧く

十四
まねくその手が
ジャンダルム
西穂に登れば
奥穂が招く

「アルプス一万尺」
・原曲は、独立戦争時代のアメリカ軍歌「ヤンキー・ドゥードゥル」。
・このメロディを使って、登山愛好家たちが、詩を付け、替え歌にした。

小槍
・歌詞1番の「小槍」とは、槍ヶ岳の山頂（標高3,180m）近くの岩峰。「一万尺」は約3,030m。
・ロッククライミングの技術がなければ登れず、頂上も非常に狭いため、そこで踊るのは不可能。

槍ヶ岳
・北アルプス南部の独立峰、「日本のマッターホルン」と言われる。
・文政11年（1828）、浄土宗の念仏行者・播隆上人が開山。

大槍・小槍

上高地　河童橋

- 日本百名山・新日本百名山・花の百名山などに選定。
- 通称「槍」、名前の如く天に槍を衝く形が特徴的。
- 登山者でにぎわい、穂高岳と共に多くの登山者憧れの的。

上高地
- 標高約1,500m、日本屈指の山岳景勝地。
- 中部山岳国立公園内にあり、行政的には松本市。
- 国の文化財（特別名勝・特別天然記念物）に指定。
- 温泉があり、穂高連峰や槍ヶ岳の登山基地。
- 清らかな梓川に架かる河童橋が有名、他に、大正池・田代池・明神池など。

「上高地」名称の由来
- かつては「神河内」と表記されていた。
- 「神」とは、穂高岳に降臨し、この地の穂高神社奥宮に祀られた祭神「穂高見命」で、「河内」とは、川の中流に沿う小平地を差す。
- 江戸時代「上高地」と表記され、松本藩の文書にも記載されている。
- 松本より高所にあることから、と考えられる。

山男の歌

作詞・神保信雄／作曲者・不詳　♪ダークダックス

一　娘さんよく聞けよ　山男にゃ惚れるなよ
　　山で吹かれりゃヨ　若後家さんだよ

二　娘さんよく聞けよ　山男の好物はよ
　　山の便りとヨ　飯盒の飯だよ

三　山男よく聞けよ　娘さんにゃ惚れるなよ
　　娘心はヨ　山の天気よ

四　山男同志の　心意気はよ
　　山で鍛えてヨ　共に学ぶよ

五　娘さんよく聞けよ　山男に惚れたらよ
　　むすこ達だけはヨ　山にやるなよ

六　娘さんよく聞けよ　山男の心はよ
　　山で鍛えたヨ　男意気だよ

「山男の歌」

・海軍兵学校で愛唱され「巡航節」の替え歌。
・歌詞については、岡山県笠岡市北木島の石切り場で歌われていた「石切唄」がルーツの一つと考えられている。
・メロディーは、アメリカ民謡が元歌と言われる。
・昭和35年頃から歌声喫茶で流行。
・昭和37年のNHK紅白でダークダックスが歌う。
・ダークダックスのヒット曲。

筆者　後方は剱岳

山の雑学

飛騨山脈

・通称は北アルプス。

・木曽山脈（中央アルプス）、赤石山脈（南アルプス）を合わせ日本アルプスと呼ばれる。

・日本アルプスという呼び名は、イギリス人鉱山技師ウィリアム・ゴーランド（ガウランド）による命名。

・山脈の主要部分は、中部山岳国立公園。

・山脈の最高峰は、標高3,190mの奥穂高岳、富士山と北岳に次いで日本で3番目の高山。

木曽山脈

・通称は中央アルプス。

・本州の中央部を長野県の木曽谷と伊那谷に跨って南北に連なる山脈。木曽川と天竜川に挟まれた山脈。

標高ベスト100の山がある県
1位　長野県　　63
2位　富山県　　26
3位　静岡県　　21
4位　山梨県　　20
5位　岐阜県　　15
6位　新潟県　　 1
7位　石川県　　 1

長野県主要な山の標高
奥 穂 高 岳：3,190m
槍 ヶ 岳：3,180m
前 穂 高 岳：3,090m
御 嶽 山：3,067m
乗 鞍 岳：3,026m
駒 ヶ 岳：2,956m
白 馬 岳：2,932m
鹿島槍ヶ岳：2,889m
常 念 岳：2,857m
燕 岳：2,763m
浅 間 山：2,568m

あずさ2号

作詞・竜真知子／作曲・都倉俊一　♪狩人　昭和52年

明日私は旅に出ます
あなたの知らないひとと二人で
いつかあなたと行くはずだった
春まだ浅い信濃路へ
行く先々で想い出すのは
あなたのことだとわかっています
そのさびしさがきっと私を
変えてくれると思いたいのです
さよならはいつまでたっても
とても言えそうにありません
私にとってあなたは今も
まぶしいひとつの青春なんです
8時ちょうどの　あずさ2号で
私は私はあなたから旅立ちます

「あずさ2号」

- 昭和52年、新人歌手の狩人が歌い、大ヒット。
- シングル売上は累計80万枚。
- 第28回ＮＨＫ紅白で歌う。
- 「狩人」とは、"一発で射止める"を願い、都倉俊一が命名。

歌詞

- 都会での愛する人との暮らしに終止符を打ち、新しい恋人と特急「あずさ2号」に乗って信州へ旅立とうとするヒロインの複雑な心の内を歌う。

出典：Railstation.net

あずさ2号
・その後のダイヤ改正で、新宿発8時は、現在「5号」となっている。
二人で行った"春まだ浅い信濃路"とは
・第1日目 「あずさ2号」→松本駅前（レンタカー）→安曇野道祖神→碌山美術館→ちひろ美術館→松川村「すずむし荘」泊り。
・第2日目 「すずむし荘」→仁科神明宮→大町東山観光道路→木崎湖→高瀬渓谷→葛温泉「温宿かじか」泊り。
・第3日目 「温宿かじか」→五竜かたくり苑→白馬八方尾根→白馬駅→松本→「あずさ号」で帰京。

碌山美術館　安曇野市

仁科神明宮（国宝）　大町市

東山観光道路からの爺ケ岳、鹿島槍ヶ岳　大町市

白馬八方尾根　第1ケルンにて二人

中信地方　79

初恋

作詞・島崎藤村／作曲・大中寅二　昭和22年

一
まだあげ初めし前髪の
林檎のもとに見えしとき
前にさしたる花櫛の
花ある君と思ひけり

二
やさしく白き手をのべて
林檎をわれにあたへしは
薄紅の秋の実に
人こひ初めしはじめなり

三
わがこゝろなきためいきの
その髪の毛にかゝるとき
たのしき恋の盃を
君が情に酌みしかな

四
林檎畑の樹の下に
おのづからなる細道は
誰が踏みそめしかたみぞと
問ひたまふこそこひしけれ

「初恋」
- 島崎藤村の詩集『若菜集』に収録。
- 幼少時、故郷木曽街道妻籠宿での幼なじみ、大黒屋の「おゆふさん」との淡い恋心を詠んだと言われる。

『若菜集』
- 島崎藤村の処女詩集。
- 明治30年に春陽堂から刊行。
- 七五調を基調とし、51編を掲載。
- 「秋風の歌」や「初恋」が特に名高い。
- 日本におけるロマン主義文学の代表的な詩集。

歌碑　小諸市松井農園
- 昭和43年、当時の園主松井兵右衛門が大沢美佐子筆により、当農園りんご畑の入口に建碑する。

木曽路の女

作詞・やしろよう／作曲・伊藤雪彦　♪原田悠里　昭和60年

一
雨にかすんだ　御岳さんを
じっと見上げる　女がひとり
誰を呼ぶのか　せせらぎよ
せめて噂を　つれて来て
ああ恋は終わっても　好きですあなた

二
湯けむりに揺れている　木曽路の女
杉の木立の　中仙道は
消すに消せない　面影ばかり
泣いちゃいないわ　この胸が
川のしぶきに　濡れただけ
ああ恋は終わっても　逢いたいあなた

三
思い出のつげ櫛　木曽路の女
明日は馬篭か　妻篭の宿か
行方あてない　女がひとり
やっと覚えた　お酒でも
酔えば淋しさ　またつのる
ああ恋は終わっても　待ちますあなた
どこへ行く流れ雲　木曽路の女

「木曽路の女」
・原田悠里が歌い、ミリオンセラーとなる。

原田悠里　演歌歌手
・原田は、鹿児島大学教育学部音楽科卒業後、音楽教師を目指す。
・偶然出会った北島三郎の舞台に感銘し、歌手への道を志す。
・「木曽路の女」など旅情演歌シリーズで100万枚のセールス記録。
・信州関連では他に「信濃路ひとり」「安曇野」。
・演歌からオペラまで歌える幅広さが魅力の歌手。
・ＮＨＫ紅白に、3年連続出場（1999-2001）。

歌碑
・木曽郡日義村、木曽文化公園に平成4年建立。

中信地方

木曽節

木曽のナァーなかのりさん
木曽の御嶽ナンチャラホーイ
夏でも寒いヨイヨイヨイ
袷ナァーなかのりさん
袷やりたやナンチャラホーイ
足袋そえてヨイヨイヨイ
心ナァーなかのりさん
心細いよナンチャラホーイ
木曽路の旅はヨイヨイヨイ
笠にナァーなかのりさん
笠に木の葉がナンチャラホーイ
舞いかかるヨイヨイヨイ

　平成28年、木曽踊保存会（会長村井邦男）は、数多くある木曽節から、主に歌われているものを百選としてまとめ『歌詞集木曽節』として発行した。

木曽踊り／木曽節

- 木曽踊りは、木曽義仲公の戦勝を記念した霊祭のときに踊られた武者踊りが始まりとされ、興禅寺境内には「木曽踊発祥之地碑」がある。

- 木曽節は、木曽踊りの際、盆踊り唄として広く木曽一円で歌われ、また、伊勢を始め全国各地から入り込んだ杣人や、木曽川を利用して材木を流送する人々によっても歌われ、全国各地に広まっていった。

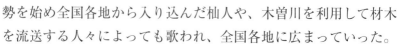

- 大正7年、当時の木曽福島町長伊東淳氏が、木曽踊りをもって福島町民をあげて盆踊りとして普及せしめようと考え、木曽踊保存会を結成、正しい伝承と普及に努めた。
- 昭和9年には、NHKラジオで木曽節が実況放送され、全国的に知られるようになり、現在では、日本を代表する民謡となる。
- 平成30年は木曽踊保存会結成百周年の節目、木曽町福島の夏の風物詩「木曽踊り」が8月1日から16日まで町文化交流センター前で行われた。

中乗（なかの）りさん
- 諸説あるが、材木を筏に組んで木曽川を下り運搬する人たちで、先頭を「舳（へ）乗り」、後ろを「艫（とも）乗り」、真ん中を「中乗り」といったというのが一般的である。

木曽川
- 長野県から岐阜県・愛知県・三重県を経て伊勢湾に注ぐ木曽川水系の本流で一級河川、いわゆる木曽三川の一つ。源流部では、「味噌川」（みそがわ）とも呼ばれる。
- 三重県桑名市長島町と木曽岬町との境で伊勢湾に注ぐ。延長229kmは、最上川と並び全国7位の長さ。揖斐川、長良川流域を除く流域面積は5,275km²。

御嶽山

筏　木曽川

南信地方

琵琶湖周航の歌

作詞・小口太郎／作曲・吉田千秋　大正６年

<table>
<tr><td>五</td><td>四</td><td>三</td><td>二</td><td>一</td></tr>
</table>

五
矢の根は深く　埋もれて
夏草しげき　堀のあと
古城にひとり　佇めば
比良も伊吹も　夢のごと

四
瑠璃の花園　珊瑚の宮
古い伝えの　竹生島
仏の御手に　抱かれて
眠れ乙女子　やすらけく

三
波のまにまに　漂えば
赤い泊火　懐かしみ
行方定めぬ　波枕
今日は今津か　長浜か
はかない恋に　泣くとかや

二
松は緑に　砂白き
雄松が里の　乙女子は
赤い椿の　森陰に

一
われは湖の子　さすらいの
旅にしあれば　しみじみと
昇る狭霧や　さざなみの
滋賀の都よ　いざさらば

「琵琶湖周航の歌」

・大正６年、旧制第三高等学校（現・京都大学）ボート部の小口太郎が琵琶湖周航の際、琵琶湖及び周辺地域を題材に、故郷の諏訪湖にも思いを馳せながら作詞、同７年に６番まで完成する。

・当時、学生に愛唱されていた「ひつじぐさ」（イギリス民謡）のメロディー（吉田千秋が大正４年、雑誌『音楽界』に発表）に、小口が詩を当てはめ、部員が歌うようになる。

・その後、三高の寮歌、学生歌として伝えられる。

・昭和30年代、歌声喫茶で歌われる。

・昭和36年、ボニージャックスがレコード化。

・昭和46年、加藤登紀子がカバーし70万枚のビッグヒット。

・高島市では、平成９年以来、毎年６月「琵琶湖周航の歌音楽祭」を開催。

小口太郎（1897-1924）　科学者、歌人

・諏訪郡湊村（現・岡谷市）生まれ。諏訪中学（現・諏訪清陵高校）

卒業。
・大正8年、第三高等学校卒業。同11年、東京帝国大学理学部物理学科卒業。同大学航空研究所入所。
・「有線及び無線多重電信電話法」を発明し、各国の特許を得る。
・小口は28歳で生涯を閉じ、作曲の吉田は25歳で死去、終生二人の出会いはなかった。

「琵琶湖周航の歌」歌碑

釜口水門河川公園
岡谷市

三保ケ崎
大津市

ミニ日本列島公園
豊川市御津町

船着き場
長浜市竹生島

長命寺境内
近江八幡市

ホテル琵琶レイクオーツカ　大津市

あざみの歌

作詞・横井弘／作曲・八洲秀章　♪伊藤久男　昭和24年

一
山には山の　愁いあり
海には海の　悲しみや
ましてこころの　花ぞのに
咲しあざみの　花ならば

二
高嶺の百合の　それよりも
秘めたる夢を　ひとすじに
くれない燃ゆる　その姿
あざみに深き　わが想い

三
いとしき花よ　汝はあざみ
こころの花よ　汝はあざみ
さだめの径(みち)は　はてなくも
香れよせめて　わが胸に

横井弘（1926-2015）　作詞家
・終戦後、下諏訪町に転居。

「あざみの歌」
・八島ヶ原高層湿原を散策し作詞。
・昭和24年、ＮＨＫラジオで放送。
・昭和26年レコード化、伊藤久男が歌い
　ヒットする。

主な作品：「おはなはん」「下町の太陽」
「さよならはダンスのあとに」「心の窓に
ともし灯を」など

歌碑
・下諏訪町・八島ビジターセンター近く。
・下諏訪町・歴史民俗資料館向い。
・福島県・ＪＲ東北本線本宮駅東口前。

八島ヶ原高層湿原

月よりの使者

作詞・佐伯孝夫／作曲・佐々木俊一　♪竹山逸郎、藤原亮子　昭和24年

一
白樺ゆれる高原に
龍胆咲いて恋を知る
男の胸の切なさを
啼け啼け山鳩　幾声も

二
夜霧の駅に待つ君の
おもかげ強くふり捨てて
はかなや月に泣き濡れし
白衣の袖よ　いつ乾く

三
人目も草も枯れ柳
うらみも恋も散る宵に
ふとまた逢えば増す想い
未練か夜も眠られず

四
幾春秋をさ迷えど
まことの縁結ぶ日は
月よりの使者思い出の
龍胆抱いて来るという

久米正雄著『月よりの使者』

・昭和8年、富士見高原療養所を舞台に小説化。翌年に入江たか子の主演で映画が公開される。

白樺林

・「月よりの使者」と呼ばれる美貌の看護師と患者との悲恋ドラマ。
・昭和24年、大映映画『月よりの使者』（上原謙・花柳小菊主演）の主題歌として竹山逸郎、藤原亮子が歌いヒットする。
・歌詞にある白樺と龍胆(りんどう)は、それぞれ長野県の木と花。

旧富士見高原療養所

・大正15年、正木不如丘が八ヶ岳山麓の空気清浄な地に、結核患者のサナトリウムとして開設。

・堀辰雄、竹久夢二など療養する。
・小説・映画の舞台となり、有名に。
・現在は、ＪＡ長野厚生連富士見高原病院。

南信地方

諏訪大社御柱祭木遣り唄

山出し祭

〜ヤァーレェー奥山の大木里に下りて
神となるヨーイサ

「ヤレヨーイテサ」
エーヨイテーコショッ
エーヨイテーコショッ

〜ヤァー御小屋の神様　御乗り立て

ヤァーめでたく清く　綱渡り

ヤァー山の神様　お願いだ

〜ヤァー力を合わせて　お願いだ

ヤァーここは難所だで　お願いだ

ヤァー曳けよ神の子　神の綱

ヤァーここは子の神　宿り場所

ヤァーここは木落し　お願いだ

ヤァー川越し御無事で　お目出たい

ヤァーここは安国寺　止め置きだ

里曳き祭

〜ヤァー元から末まで　お願いだ

ヤァー心を合わせて　お願いだ

ヤァー協力一致で　お願いだ

ヤァーお宮の庭まで　お願いだ

ヤァー建御柱だで　お願いだ

〜ヤァー千秋楽御無事で　お目出たい

ヤァー御双方御手打　お引取り

〜ヤァーレェー恋に焦がれし

花の都へ曳きつけ

山の神これまで

御苦労だ

元の社へ返社なせヨーイサ

ヤレヨーイテサ
エーヨイテーコショ
エーヨイテーコショ

「木遣り唄」
- 御柱祭で木を曳く際に歌う。
- 非常に高く、響く声で歌われ、数千人の曳き手の心を一つにし、一致協力して曳く、その時の掛け声の役割を果たす。
- 御柱祭だけでなく、数々のイベント・結婚式・選挙などでも歌われる。

諏訪市木遣保存会
- 木遣りの保存、継承を目的とし、会員一人ひとりの技量向上のため練習・学習会に力を入れ一般向けに木遣教室も行う。
- 各種イベントへの参加、施設慰問なども行う。

下諏訪町木遣保存会
- 毎週日曜日会員が木遣り練習を行う。
- 各種イベント、行事に参加。

下諏訪町無形文化財
- 諏訪大社下社の御柱木遣り。

下諏訪町保存会の皆さん

諏訪大社
（祭神：建御名方神・八坂刀売神）
- 諏訪湖周辺4か所にある神社。信濃国一宮。
- 旧社格は官幣大社、現在は神社本庁の別表神社。
- 全国に約25,000社ある諏訪神社の総本社。
- 旧称は諏訪神社。通称として「お諏訪さま」「諏訪大明神」。

御柱祭
- 寅年と申年の7年目ごとに、樅を山中から切り出し社殿の四方に建てて神木とする祭で最も重要な神事。
- 長野県指定無形民俗文化財。日本三大奇祭のひとつ。

南信地方

諏訪地方出身の著名人

藤原咲平（1884-1950）　気象学者
・諏訪中学、東京帝国大学理論物理学科卒。理学博士。
・中央気象台長、「お天気博士」第1号。
・霧ヶ峰強清水にある藤原咲平博士記念碑前で「藤原咲平先生をしのぶ会」が毎年7月に行われる。

永田鉄山（1884-1935）　陸軍中将
・陸軍士官学校を首席、陸軍大学校を2位で卒業。
・「将来の陸軍大臣」「陸軍に永田あり」「永田の前に永田なく、永田の後に永田なし」と評された逸材。
・陸軍省軍務局長のとき、陸軍内部の統制派と皇道派の抗争に関連して相沢三郎陸軍中佐に殺害される。

新田次郎（1912-1980）　小説家、気象学者
主な作品：『強力伝』『チンネの裁き』『風雪の北鎌尾根』『富士山頂』『劔岳：点の記』『アルプスの谷アルプスの村』『武田信玄』『武田勝頼』など。

紀元節

作詞・高崎正風／作曲・伊澤修二　明治21年

一
雲に聳ゆる高千穂の
高根おろしに草も木も
なびきふしけん大御世を
あおぐきょうこそ楽しけれ

二
海原なせる埴安の
池のおもより猶ひろき
めぐみの波に浴みし世を
あおぐきょうこそたのしけれ

三
天つひつぎの高みくら
千代よろずよに動きなき
もとい定めしそのかみを
仰ぐきょうこそ楽しけれ

四
空にかがやく日のもとの
よろずの国にたぐひなき
国のみはしらたてし世を
仰ぐきょうこそ楽しけれ

紀元節

・明治６年、初代天皇とされる神武天皇の即位日「２月11日」（太陽暦換算）を、「紀元節」として制定。

・戦後、廃止。

・昭和46年からは「建国記念の日」として再び祝日となる。

儀式唱歌

・明治26年、文部省は小学校における祝祭日の儀式に歌う「祝日大祭日唱歌」を制定。

・選定は、「祝祭日唱歌審査委員会」（委員長：村岡範為馳・東京音楽学校長、委員：黒川真頼・東京帝国大学教授、文学博士、ほか）を設置して行う。

・昭和３年、「明治節」が制定され、四大節（「四方拝」「紀元節」「天長節」「明治節」）となる。

・昭和20年の終戦まで儀式で歌う。

南信地方　93

伊澤修二（1851-1917）　文部官僚、教育者、貴族院勅撰議員
- 西洋音楽導入の先駆者・唱歌教育の創始者。
- 信濃国高遠城下に高遠藩士の子として生まれる。
- 明治2年宣教師カラゾルスから英語を学ぶ。
- 藩の貢進生として大学南校（のちの東京大学）に進学。
- 明治8年、米国へ留学、メーソンから音楽教育を学ぶ。
- 明治12年、文部省音楽取調掛長に任命。
- 来日したメーソンと協力して『小學唱歌集』を編纂。
- 明治21年、初代東京音楽学校校長。

高遠町（たかとおまち）　伊那市高遠町
- 高遠城址公園：コヒガンザクラの名所として有名。
- 絵島囲屋敷：江戸時代中期に、江戸城大奥年寄の江島（絵島）が歌舞伎役者の生島新五郎らを相手に遊興に及んだことによる綱紀粛正事件が発生。江島は、高遠藩内藤清枚にお預け、事実上の流罪。囲われていた住まいは「絵島囲屋敷」として復元されている（伊那市立高遠町歴史博物館に併設）。

伊那節

正調伊那節
伊那市を中心として歌われている節回し

ハァー天竜下れば
しぶきに濡れる
（ハオイヤ）
持たせやりたや
持たせやりたや　桧笠
（ハ　ソリャコイ　アバヨ）
木曽へ木曽へと
つけ出す米は
伊那や高遠の
伊那や高遠の　お蔵米
木曽へ木曽へと
つけ出す米は
伊那や高遠の
伊那や高遠の　涙米
涙米とは
そりゃ情けない
伊那や高遠の
伊那や高遠の　余り米

与地の伊那節
与地地区で伝承されている節回し

ハァー
権兵衛峠の　馬子唄聞けば
（ソリャ）
過ぎし（オヤ）昔が　過ぎし昔が
偲ばれる
（ハ　ソレコイ　アバヨ）
権兵衛峠は　怖くはないが
木曽の番所が　木曽の番所が
わしゃ怖い
高遠城址の　桜が散れば
鳴くよいろくの　鳴くよいろくの
ホトトギス

富県伊那節
富県地区で伝承されている節回し

目出度目出度の　若松様よ
枝も栄える　枝も栄える
葉も茂る
（ソレコイ　アバヨ）
東や高鳥谷　西や駒ヶ岳
間を流れる　間を流れる
天竜川
伊那の名所は　高鳥谷山よ
春は鈴蘭　春は鈴蘭
秋は萩

伊那公園にある伊那節発祥之地の碑　　飯田市川路天龍峡第一公園にある伊
久保田万太郎揮毫　　　　　　　　　　那節詩碑

「伊那節」

- 木曽地方で歌われていた「おんたけやま」などが源流。
- 江戸時代、権兵衛峠（伊那と木曽を結ぶ峠）が開削され、峠越えの馬子たちが歌い伊那地方へ伝わる。
- 明治時代末、長野市で開催の共進会で公開、以後、「伊那節」の名に。
- 昭和8年、市丸（松本出身：芸者歌手）によるレコード化。
- 同年の市丸の「天龍下れば」が大ヒット。それとともに、「伊那節」も有名となる。
- 伊那市では、隔年で伊那節大会が開催される。

明治45年7月発行の東京音楽学校編集兼発行雑誌『音楽』に下記記事が掲載された。当時、長野県立大町中学音楽教師であった島田穎治郎が母校に送った「伊那節」採譜の記事である。

龍峡小唄

作詞・白鳥省吾／作曲・中山晋平　昭和3年

一
ハァー　天龍流れて　稲穂はこがね
繭はしろがね　お国自慢の天龍峡ョ
ハ　ヨイトヨイトヨイトサノ
ヤレコノセ

二
伊那の黒土　踏み踏みござれ
川は天龍　山は赤石　見てござれ

三
川を隔てて　灯りが見える
籾をひく灯りか　物を縫う灯りか
恋の灯りか

四
川路龍江を結ぶの神の
かけた虹かや　姑射の吊橋みな渡る

五
岩に伝ふて舟曳く人の
唄に合わせて
可愛い眼白がチロロ啼く

六
岩は千畳敷踊れや歌へ
岸のさくらも　水を鏡に花さかり

七
伊那の乙女の襷のいろか
初心な情か　岩間つつじの色のよさ

八
淵は深いし岩けわしいし
岸の白百合　誰が折るやら霧が抱く

九
秋は優しや龍角峯も
紅葉かざりて　紅葉散らして化粧する

十
烏帽子岩さえ　綿帽子かぶる
雪に雪見酒　浮世離れた　天龍峡

時代背景
・昭和2年、天龍峡が「日本新八景」渓谷の部の投票で、第1位となる。
・同年12月、伊那電気鉄道が天龍峡まで開通する。
・当時、東京音頭など新民謡が流行。

「龍峡小唄」
・このような時代背景から、郷土愛豊かな旧川路村の文学青年、牧内武司の提唱により、伊那谷に縁のある民衆派詩人白鳥省吾に作詞を依頼する。

天龍峡姑射橋公園

・作曲は、白鳥の推挙で信州中野出身の中山晋平に依頼。
・舞踊振付けを藤間流に依頼。
・昭和3年11月6日、郷土民謡「龍峡小唄」の発表披露会開催。
・その後、市丸・葭町二三吉などによりレコード化し普及する。

天龍峡
・天竜川のほぼ中央部、飯田市に位置する渓谷。

天龍峡

・天竜川の清流によって浸食された風景絶佳の名勝。
・昭和9年、文部省より渓谷の部にて名勝天龍峡の指定を受ける。

天龍峡舟下り
・豪快な水しぶきとともに迫力満点の激流下りで有名。

天龍峡舟下り

天龍下れば

作詞・長田幹彦／作曲・中山晋平　♪市丸　昭和8年

一
はぁ　天龍下れば
ヨーホホイノサッサ　しぶきに濡れてよ
咲いた皐月に　えぇ　咲いた皐月に　虹の橋
ほんに　あれはサノ　虹の橋

二
はぁ　伊那の夕空
ヨーホホイノサッサ　あの片時雨よ
明日は下りじゃ　えぇ　明日は下りじゃ　笠欲しや
ほんに　あれはサノ　笠欲しや

三
はぁ　筏つないだ
ヨーホホイノサッサ　藤づるさえもよ
切れりゃ気になる　えぇ　切れりゃ気になる　夫婦岩(みょうといわ)
ほんに　あれはサノ　夫婦岩

「天龍下れば」

・昭和8年、松竹のお盆用映画『天龍下れば』の主題歌（トーキー映画）。
・ビクターでレコード化、芸者歌手、市丸が歌いヒット。天龍峡を一躍有名にする。
・松本市出身の市丸は、美貌と美声で知られ、小唄勝太郎と共に「市勝時代」を現出、人気歌手となる。

市丸歌碑

・昭和50年、天龍峡姑射橋袂に観光協会が建立。

市丸歌碑

南信地方　99

勘太郎月夜唄

作詞・佐伯孝夫／作曲・清水保雄　♪小畑実　昭和18年

一
影か柳か　勘太郎さんか
伊那は七谷　糸ひくけむり
棄てて別れた　故郷の月に
しのぶ今宵の　ほととぎす

二
形はやくざに　やつれていても
月よ見てくれ　心のにしき
生まれ変わって　天龍の水に
映す男の　晴れ姿

三
菊は栄える　葵は枯れる
桑を摘む頃　逢おうじゃないか
霧に消えゆく　一本刀
泣いて見送る　紅つつじ

「勘太郎月夜唄」

・昭和18年、東宝が伊那節仁義『伊那の勘太郎』主演長谷川一夫、山田五十鈴、戦時下唯一のヤクザ映画を制作。
・この主題歌として、小畑実、藤原亮子が歌い爆発的にヒットする。
・その後、昭和27年に大映、33年に東映が映画化、いずれも伊那でロケ。
・昭和33年、伊那商工会議所が中心となり、伊那市の春日公園に伊那の勘太郎顕彰碑を建立。

歌碑
春日公園本丸橋近く

水色のワルツ

作詞・藤浦洸／作曲・髙木東六　♪二葉あき子　昭和25年

一
君に逢ううれしさの
胸に深く
水色のハンカチを
ひそめる習慣(ならわし)が
いつの間にか
身に沁みたのよ
涙のあとを
そっと隠したいのよ

二
月影の細路を
歩きながら
水色のハンカチに
包んだ囁きが
いつの間にか
夜露に濡れて
心の窓を閉じて
忍び泣くのよ

髙木東六（1904-2006）　作曲家、ピアニスト
・昭和7年、パリ国立音楽院卒。
・幅広い音楽活動を行う。
・昭和19年から伊那市に疎開、伊那市名誉市民第1号。
・102歳で死去。

「**水色のワルツ**」
・髙木が天竜川河畔を散歩したときメロディーが浮かぶ。
・そのメロディーに藤浦洸が「水色のワルツ」と題し作詞する（詞のあとづけ）。
・作品コンクールに参加、二葉あき子が歌うも最下位。
・コロムビアでレコード化。
・昭和25年、同じ題名で東宝が映画化、髙木が音楽監督となり、随所にメロディーを流す。
・伊那でロケ、やがてヒットに繋がる。

歌碑
伊那市役所駐車場脇

南信地方

愛と死をみつめて

作詞・大矢弘子／作曲・土田啓四郎　♪青山和子　昭和39年

一
まこ……
甘えてばかりで　ごめんネ
みこは……
とってもしあわせなの
はかないいのちと　しった日に
意地悪いって　泣いたとき
涙をふいて　くれた……まこ

二
まこ……
わがままいって　ごめんネ
みこは……
ほんとにうれしかったの
たとえその瞳は　見えずとも
ふたりでゆめみた　信濃路を
せおって歩くと　いった……まこ

三
まこ……
げんきになれずに　ごめんネ
みこは……
もっと生きたかったの
たとえこの身は　召されても
二人の愛は　永遠(とわ)に咲く
みこのいのちを
いきて……まこ

河野實
- 大阪市生まれ。戦時中、伊那市に疎開。長野県伊那北高等学校卒。

伊那北高等学校

大島みち子・河野實著『愛と死をみつめて』
- 大学生河野實（マコ）と、軟骨肉腫に冒され21年の生涯を閉じた大島みち子（ミコ）との、3年間に及ぶ文通を書籍化。
- 160万部を売り上げる大ヒット。
- 昭和39年の年間ベストセラー第1位。
- 映画、テレビドラマ化。
- 日本コロムビアでレコード化、18歳の青山和子が歌う。売り上げは70万枚以上。第6回日本レコード大賞受賞。第15回ＮＨＫ紅白で歌う。

付

唱歌「早春賦」の謎

解説　早春賦

題名：早春　賦（そうしゅんふ）
　　　「賦」とは、心に感じたことをありのままに詠んだ詩あるい
　　　は歌。
作詞：吉丸一昌
作曲：中田章
発表：大正２年２月、敬文館発行の『新作唱歌』第三集・５番目に
　　　掲載。

早春賦

一　春は名のみの　風の寒さや
　　谷の鶯　歌は思えど
　　時にあらずと　声も立てず
　　時にあらずと　声も立てず

二　氷解け去り　葦は角ぐむ
　　さては時ぞと　思うあやにく
　　今日もきのうも　雪の空
　　今日もきのうも　雪の空

三　春と聞かねば　知らでありしを
　　聞けば急かるる　胸の思いを
　　いかにせよとの　この頃か
　　いかにせよとの　この頃か

【解説】

・春を待ちわびる想い、情景を「鶯」（春告げ鳥）にことよせ、格
　調高く文語体で歌い上げている。

・初恋を知った、ひそやかな乙女心に置き換えてみると、万葉びと
　の相聞歌が連想される。

104

- 特に歌詞３番にある"胸の思い"のフレーズは、女子学生のハートをゆさぶる。
- 中田章の「ヘ長調８分の６」は、優美・典雅で、唱歌というより、むしろ芸術的な歌曲的旋律といえる。
- 歌詞・メロディー・情景が一体となって、人の心を揺さぶる。
- 叙情的愛唱歌として時代を超え、長く、今に歌い継がれる。
- 中学音楽教科書に収載。
- 文化庁・日本ＰＴＡ全国協議会選定の「日本の歌百選」に選ばれる（平成18年）。
- 「歌い継ぎたい日本の愛唱歌」第８位（海竜社アンケート調査、平成15年）。

【キー】

原調はヘ長調。「ソドーミソードドーラーラソーミファレソミーー」、歌い出しにくい音域ではあるが、移調により容易に歌える。

なお、中学音楽教科書は、変ホ長調である。

【意訳】

一、春とは名ばかりで、吹く風はとても冷たく寒い。谷間の鶯は、初鳴きしようと思ったが、この寒さではまだその時ではないと声を潜めている。

二、湖の氷は解けて消え、葦も芽吹いた。"さあ春が来たぞ"と思ってはみたものの、あいにくと昨日も今日も雪模様の空だ。

三、暦の上では春だよ、と聞かされなければ、知らずにいたものを、聞いてしまったので、もう春が待ち遠しく、気があせってしまう。この気持ちを思いやろうとしない、この頃の寒さは。

唱歌「早春賦」の謎　105

早春賦讃歌

合田道人（作家・音楽プロデューサー）

「……この歌は出発・夢に向かって歩く門出の応援歌だということです。同じ長野の唄ともされる "故郷" と双璧だと思っているのです。歌は懐かしむことだけでなく、伝えること、それこそ門出でなければ、歌自体が消えてしまうかもと思います。すばらしき『早春賦』をこれからも伝えていきたいと思っています。」

* * *

大宅映子（評論家）

「" はるぅは　な〜のみ〜 " の " み〜 " のところでアゴを上げ声をしぼりだす母、" うぅぐいーす " も同じ。

『早春賦』は母の愛唱歌の一つである。末っ子でみそっかすの私にとって、『早春賦』は小学唱歌よりちょっぴり大人っぽくてお姉さんの香りがして、３番まで歌うと得意な気分だった。今大人になって、３番までの歌詞をじっくり味わってみると、日本の季節感をこんなにまでうまく描写しているのか、と感動ものだ。……こんなに微妙な四季のうつろいのある日本に生まれて、つくづくよかったな、と思われる大好きな歌である。」（日本音楽教育センター発行「私の好きなうた＝私の１曲＝」）

* * *

大内寿恵麿（声楽家）

「……私にとって、『早春賦』は四季の早春などではない、島崎藤村の『夜明け前』にも通ずる人間開放の精神の自由と平等・平和祈念にもつながる象徴の歌であり、いつも熱い想いを込めて唄うまたとない心の歌であります。」

先駆者

臼杵市

　吉丸一昌研究の先駆者は、**小長久子氏**（大分大学名誉教授）である。

　吉丸死して50年が過ぎ、ようやくにして関心を示す研究者があらわれた。

　小長氏は、学生の論文がヒントで、吉丸は郷土・海添村出身と分かり、研究を始める。成果を昭和45年、大分大学教育学部報に、翌年、地元「臼杵史談会」会報に、それぞれ、「吉丸一昌について―明治の音楽教育推進者」と題し発表。さらに、昭和55年、元臼杵市図書館長**高橋長一氏**は、「建碑と共に臼杵に帰った吉丸一昌先生小伝」との題名で『臼杵ロータリークラブ二十年史』に特別寄稿する。

　その後、**桑原常夫氏**が「音楽教育の発展に貢献した吉丸一昌の生涯とその作品」。そして、**吉田稔氏**の「望郷の歌　吉丸一昌」などによって、吉丸一昌の、人となり・業績が、さらに明らかとなる。

　かつては「大分県出身で大分中学卒業生であることすら知る人も稀有である」とされていた吉丸。

　昭和55年、国文学者「吉丸一昌」を顕彰する動きが起こり、臼杵ロータリークラブ二十周年記念事業として、早春賦歌碑が臼杵市中央公民館前に建立された。

　高橋長一氏は、「建設された早春賦の歌碑は臼杵に生まれ、臼杵を終生愛した人間性と、人間育成や音楽教育に偉大な貢献をした吉丸一昌の功績の凝集として建てられたものである……長年、一昌の歌碑建設を念願し続けた私はお蔭で本望を達した」と、自著（前掲）に記した。

唱歌「早春賦」の謎　107

旧穂高町

　昭和57年12月の穂高町長室。丸山町長を前に**西川久寿男氏**は語る。「歌碑建立は十数年も前から考えていた。早春賦の舞台は安曇地方である。誰でもやらなければ私個人ででもやりたい気持ちだ」（丸山高義氏：「早春賦音符碑建立を記念して」より）。

　こうして、西川氏が主導し昭和59年春、穂高川右岸の堤防に「早春賦」歌碑が建った。

　また、平成5年には「早春賦音符碑建立委員会」委員長として建立に尽力した。

＊　　　＊　　　＊

　平成3年3月28日付け、東京新聞「この人」欄に、「安曇野で早春賦音楽祭を開く実行委員長　西山紀子さん」との写真入り紹介記事があった。

　以前、西山さんから、私にいただいた書状に、「早春賦の原点は鐘の鳴る丘コンサート」と、深い思い入れが記されていた。

　「早春賦」を全国区に押し上げた功労者は、西山紀子さん（早春賦愛唱会代表）であり、女史のエネルギッシュな、幅広い音楽活動によってである。

大町市

　今にして思えば、昭和57年4月4日は、私と「早春賦」との運命の出会い。その日曜日の朝、配られてきた東京新聞、サンデー版に、「名曲のふるさと―大町―早春賦」と、爺ヶ岳・鹿島槍ヶ岳を背景に大きく載っていた。念のためスクラップはした。

　しかし、いつしかそのことは忘れた。

　時は流れ、平成29年7月29日、塩原書店社長に請われ、**丸山隆士氏**にお会いした。驚いたことに、中日新聞「名曲のふるさと―大町―早春賦」のコピーを差し出された。現在、この紙面の持ち主は私

のみと思っていたが、意外にも、持ち主が現れたのである。

　丸山さんは、当時、大町市役所・企画課広聴広報係、「広報おおまち」の編集を担当。新聞各紙に目を通す立場にあった。ここで中日新聞に出会わなかったなら、「早春賦」との関わりはなかった、という。

　丸山さんの手記「私の早春賦ファイルから」を読ませていただき、さらに驚いた。大町には、早くから「早春賦」を調べていた人がいたのである。

　大町市文化会館に「早春賦」歌碑建立が具体化される頃、丸山さんは教育委員会・生涯学習課長、腰原市長の命により、歌碑建立についての市側の窓口となり設置場所の選定など主導的に動いた。

＊　　＊　　＊

　大町市には先駆者がもう一人いた、仁科秀康氏である。

　小長久子氏（前掲）は、生前、昭和56年冬と57年3月、大町高等学校を訪れ、吉丸一昌作詞の同校校歌を聴いているが、その案内役が仁科氏であった。

　小長氏の手記「音符碑によせて」には、仁科氏に関わる記述があり、そこで、私が思い出したのは『大町高校八十年史』である。この年史の、大町中学校歌制定の経緯部分の筆者は仁科秀康氏ではないか、と。塩原書店社長にお願いして仁科氏にお会いし、ことの確認が出来た。

　大町中学校歌制定の経緯の中には、島田頴治郎音楽教師の関わり、さらに「早春賦」に関連する記述として、高橋長一氏著『建碑と共に臼杵に帰った吉丸一昌先生小伝』の一部引用があった。

　もし、仁科氏がその記述の一部分を『大町高校八十年史』に引用・紹介していなかったなら、私・鹿島岳水の早春賦研究は、どのように推移したか分からなかった、と思われる。

　昭和57年頃、大町では話題にもならなかった唱歌「早春賦」を、

唱歌「早春賦」の謎　109

年史の中で紹介した仁科氏の慧眼に恐れ入る、感謝。
＊　＊　＊
「春は名のみの風の寒さや、で始まるこの名曲の歌詞は、歌の発祥地、大町の早春の情景そのままです」

　平成20年3月、「市長のひとこと（つれづれ日記）早春賦に寄せて」の出だしの部分である。

　市長とは、長野県大町市長**牛越徹氏**である。市長は、既に平成20年に「早春賦発祥は大町」と書かれていた。「早春賦研究家」とも言える牛越徹氏は、広く早春賦関連資料を収集・整理し「早春賦の来歴」としてまとめられていた。

　私は、平成28年、地元の「仁科路研究会」会報に、「唱歌『早春賦』考」と題し寄稿。その際、お願いして玉稿を参考文献として掲載させていただいた。「早春賦」を理解する上での欠かせない内容であった。

早春賦誕生の謎

　「早春賦」には、二つの歌詞（厳密には三つ）、二つの曲、そして
二つの題名が存在した。一つの歌詞に複数の曲を付した例は多い
が、自ら編集の歌集『新作唱歌』の中に、そのような例はない。

・なぜ、二つ作詞したか。

・なぜ、二人に作曲させたか。

・なぜ、題名を二つ考えたか。

　吉丸一昌は、何も語っていない。この謎に迫る。

▷事実経過

　作詞・作曲・発表の月日は明確であり、時系列に並べると、次の
ようである。

大正元年11月2日　「待たるゝ春」と題し作詞。

　　　　11月　　　「早春賦」と題し作詞、作曲を船橋榮吉に。

　　　　12月1日　「待たるゝ春」…雑誌『音楽』第3巻12号に詩
　　　　　　　　　のみ掲載。

　　　　12月14日　船橋曲「早春賦」を演奏会にて安藤文子が独唱。

大正2年1月1日　船橋曲「早春賦」…雑誌『音楽』第4巻1号に
　　　　　　　　　楽譜のみ掲載。

　　　　2月5日　中田曲「早春賦」…『新作唱歌』第三集・5番
　　　　　　　　　目に収録。敬文館から発売。

唱歌「早春賦」の謎　111

▷なぜ、二つ作詞したか

「待たる＞春」の作詞

　吉丸一昌は、東京音楽学校教え子の、長野県立大町中学校音楽教師・島田頴治郎の語る「春まだ遅い大町地方の情景」から詩想を得、大正元年11月２日、「待たる、春」と題し作詞した。

待たる、春

一　春は名のみの風の寒さや
　　谷の鶯うたは思へど
　　時にあらずと音も立てず

二　氷解け去り葦は角ぐむ
　　さては時ぞと思ふあやにく
　　けふも昨日も雪の空

三　春と聞かねば知らでありしを
　　聞けば急かるる胸のおもひを
　　いかにせよとの此頃か

　この詩は、吉丸が編集を主宰する、雑誌『音楽』第３巻12号38頁に掲載されている。末尾に「新作唱歌第三集より」と注釈がある。

　『新作唱歌』第三集は、翌年２月発行されているが、編集は前年11月段階で固まり、「待たる、春」の掲載を決めていたので、このような注釈を付けたのであろう。なお、作詞者名はなく、譜面もない。何故、譜面がなかったのか。

　吉丸は、出来上がったこの詩に、なお、推敲の余地ありと考えたので、この段階では作曲者を決めていなかった。

　国文学者であり、古歌に精通する吉丸に『古今和歌集』の数首がよぎったに相違ない。

『古今和歌集』
　巻一：春上　　○○○○五
　　梅かえにきゐるうくひすはるかけて
　　なけともいまた雪はふりつつ
　　（梅の枝の鶯は　春だといって　鳴いているが　いまだに雪は降り続いている）
　巻一：春上　　○○○○一四
　　うくひすの谷よりいつるこゑなくは
　　春くることをたれかしらまし
　　（鶯が谷から出てきて鳴いていなければ　春が来ることを　誰が知っているであろうか）
　巻二十：大歌所歌　　○一○九四
　　こよろきのいそたちならしいそなつむ
　　めさしぬらすなおきにをれ浪
　　（こよろぎの磯で　いそ菜を摘む　少女を濡らさないでおくれ　波よ沖にいておくれ）

「早春賦」の作詞

　かくして、古歌を重ね合わせ、5か所に手を加え、大正元年11月のある日、題名を「早春賦」と替え、作詞した。

早春賦
（譜面に書かれた原文、縦線は変更部分）

一
はるはなのみの　かぜのさむさや
たにのうぐひす　うたはをもへど
ときにあらずと　ねもたてず

二
こほりとけさり　いそなつのぐむ
さてはときぞと　をもふあやにく
きのふもけふも　ゆきのそら

三
はるときかねば　しらでありしを
きけばせかるる　もゆるをもひを
あ・・・うめはよそげの　つれなしや

唱歌「早春賦」の謎　113

「待たるる春」
雑誌『音楽』第3巻12号

中田曲「早春賦」
『新作唱歌』第三集

『新作唱歌』第三集表紙

船橋曲「早春賦」
雑誌『音楽』第4巻1号

▷なぜ、二人に作曲させたか

船橋榮吉作曲「早春賦」

　「早春賦」と題した詩は、作曲を東京音楽学校研究科生で授業補助の船橋榮吉に依頼した。出来上がった曲は、変ホ長調、6／8拍子。この新曲を、12月14日開催、東京音楽学校学友会主催の第3回土曜演奏会第1部最後の番外として本科声楽部学生安藤文子に歌わせた。

中田章作曲「早春賦」

　吉丸は、安藤文子のソプラノ独唱を聞いたとき、この曲は高音部多く、所謂「唱歌」レベルではなく、『新作唱歌』掲載は無理と考えた。

　急きょ、作曲を助教授の中田章に依頼した。中田曲はヘ長調、6／8拍子。最高音は1オクターブ上の「ド」で、各連3行をすべてリフレイン（繰り返し）した。

　実はこのとき、中田へ渡した歌詞は、「待たるゝ春」の1連3行の「音」を「聲」に替えたのみの詩であった。そして題名を「早春賦」とした。

なぜ、吉丸は推敲を重ね船橋に渡した歌詞を、中田に渡さなかったのか、謎が残る。

▷題名「早春賦」

　当初の「待たるゝ春」より格調高い題名を考え、漢詩で用いられる「賦」を使い「早春賦」とし、船橋曲、中田曲両方に付けた。

　「賦」とは、「抒情的要素が少なく、事物を羅列的に描写する、比喩など用いないで、感じたことをありのままに詠む詩との意」である。

▷その後の運命

「待たるゝ春」

　「待たるゝ春」の題名での楽譜は存在しない。詩文の発表のみで終わっている。

船橋榮吉曲「早春賦」

　声楽家でもある船橋榮吉自身による「早春賦」独唱の記録は見当たらない。安藤文子による独唱が最初で最後の舞台であったのか。

　吉丸一昌作歌・船橋榮吉作曲の「早春賦」楽譜は、その後の大正・昭和に発行された多くの歌集に見当たらない。

　しかし、雑誌『音楽』第4巻1号の中に掲載された楽譜（歌詞は、五線の下の「ひらがな」のみで、漢字交じりの縦書きはない）が唯一のものとなっている。

　船橋は、日本人としてベートーヴェンの「第九」を歌った最初の一人として知られ、唱歌「牧場の朝」などの作曲、そして東京音楽学校教授でもあった彼の「早春賦」が幻に終わったのも謎である。

中田章曲「早春賦」

　大正2年2月、『新作唱歌』第三集・5番目に掲載。敬文館から発売される。

この中田曲「早春賦」は、やがて、愛唱歌として、大正・昭和へと広く歌い継がれてゆく。

　「早春賦」といえば、中田曲となった。

早春賦発祥はどこ？

　吉丸一昌教授の、研究資料は膨大で、残念ながら、多くは、戦時中の東京空襲で焼失。なんと蔵書は三日三晩燃え続けたという。小箱一杯残った資料（49点）は、長男・昌武氏によって、臼杵市図書館に寄贈される。なお、その中に早春賦作詞の舞台・経緯などを示すものは見当たらない。

　著作物・マスメディア・関連団体などによる早春賦発祥の諸説は、その根拠はともかく、以下のようであった。

◎高橋長一氏：「建碑と共に臼杵に帰った吉丸一昌先生小伝」（昭和55年3月）

　「……一昌は、この安曇野にくらす農民への理解と美しいこの地の風景とを織り交ぜて、作った」

◎ＮＨＫ「名曲アルバム」―早春賦―（昭和55年3月）

　「早春賦は信州の夏期講習会の教材として作詞作曲されたといわれる」

◎東京新聞（中日新聞）サンデー版：「名曲のふるさと大町」（昭和57年4月4日）

　「吉丸一昌が長野県大町中学校の校歌を依頼されたとき、長野市から山越えして大町に入り、北安曇の風景と人情にふれて早春賦の詩想が生まれたという」

◎毎日新聞学芸部：「歌をたずねて」（昭和58年10月）

　・「童謡運動の暁鐘を鳴らした吉丸が安曇野を歌う」

　・「吉丸と安曇野との出会い―『大町中学の校歌作詞依頼による。

松本からではなく長野から山越えして入ったものでしょう』」
（長男・昌武氏）

◎喜早哲著：『唱歌―その故郷と歌声』（平成３年７月）

・「早春賦の歌詞は……吉丸一昌が長野県穂高町での経験を書いたといわれる。……一説によれば、吉丸一昌がここに一時住んだことがあるといわれるが、私の調べた限り、住んだという記録はない」

・「……早春賦の舞台が長野県安曇野であることは間違いないと思う」

◎信濃毎日新聞社編集局編：「唄のふるさと」（平成５年３月10日）
　春こがれる安曇野『早春賦』

・「早春賦の舞台が安曇野だ、とは露知らず……と吉丸昌武さん」

・「早春賦の舞台が安曇野―とはっきりしたのは、オペラ歌手で大分大学名誉教授の小長久子さんが吉丸一昌に関心を寄せたからだ」

・「大町中学校歌作詞を縁に安曇野を訪れ、遅い春を待ちわびる気持ちをつづった―というのが定説になりつつある」

・「吉田稔さんは『舞台は穂高というより大町だと思う、穂高に限定しない方がよい…』」

◎「広報おおまち」：（平成11年２月１日／12年８月15日）

・「吉丸一昌さんは、東京音楽学校の教授時代、夏期講習の講師として、しばしば安曇野を訪れたことがあるようです。また、明治44年には、大町中学校創立十周年記念として校歌の作詞を頼まれ、雪解けの当地を訪れています。長野から山越えし、大町へ入ったのでしょう」

・「詩の中で１番の『谷のうぐいす』は、高瀬渓谷か鹿島谷、篭川谷でしょうか。２番の『氷解け去り葦は角ぐむ』は木崎湖の情景にぴったりです。『今日も昨日も雪の空』は、やはり大町

唱歌「早春賦」の謎　117

以北の天候を指しています。これらのことから『早春賦』は大町付近を題材にしているともいえるでしょう」

◎読売新聞文化部：「唱歌・童謡ものがたり」（平成11年8月）
「……80年に臼杵市公民館前に早春賦歌碑が建った。このころ、『歌の舞台は安曇野』説が定着…」

◎市川健夫監修：『信州ふるさとの歌大集成』（平成20年2月）
・「現在も多くの人に愛唱されている名曲である『早春賦』の舞台は安曇野」
・「作詞者の吉丸一昌は……、大町中学校校歌作成を依頼されました。その詞を作るためこの年の早春、長野市から信州新町、美麻村を抜け大町に入った。途中まむし坂から見た残雪の北アルプスの光景は『春は名のみの風の寒さや』であり、『谷の鶯歌は思えど』の歌詞そのものだったことであろう」

◎その他音楽著作物
・東京堂出版：『日本童謡事典』
・河出書房新社：『童謡・唱歌の故郷を歩く』
・西東社：『こころの名歌集』
・新星出版社：『童謡 唱歌みんなのうた』
・主婦の友社：『童謡・唱歌日本百名歌―見直したい日本の「美」』
・成美堂出版：『懐かしい歌想いでの歌』
・ユーキャン：『懐かしき思い出の歌』
・ほおずき書籍：『信州ゆかりの日本の名歌を訪ねて』
・北辰堂出版：『にっぽんの名曲を旅する』

以上の著作物はすべて―早春賦は安曇野―との記述である。

なお、各出版社に、記述内容の出典・根拠を問い合わせたところ、「安曇野市資料」「他の音楽著作物」など。また、「不明を恥じる」との回答も寄せられた。

◎安曇野市：ホームページ

「大正初期安曇野を訪れた作詞家吉丸一昌が、川沿いを歩きながらつくったと言われている早春賦」

◎「信州・安曇野」：安曇野市パンフレット
「唱歌早春賦は大分出身の作詞家吉丸一昌が、春を待つ安曇野を詠ったもの」

◎「安曇野」：安曇野市観光協会パンフレット
「吉丸一昌氏は明治後期から大正初期に安曇野を訪れてその雪解け風景に感銘を受け、詩を書き上げたといわれています」

◎「早春賦まつり」：早春賦まつり実行委員会―チラシ―
「……安曇野と吉丸先生とのご縁は、先生が近隣の大町市の高校校歌を作詞され、その披露を兼ねて招かれた時に安曇野に足をのばされたのが始まり……」

◎「早春賦切手発行記念」：ＣＤ制作委員会―チラシ―
「吉丸一昌先生は大町中学（現・大町高校）創立十周年の記念として、校歌の作成をすべく大町を訪れました。その途中で早春の安曇野を体験し、綴ったのが早春賦」

◎「早春賦まつり」：長野県公式観光ウエブサイト―チラシ―
「早春賦の作詞者吉丸一昌はこの安曇野の水郷の地を訪れた際、春を待つ人々の心情を詩いました」

◎丸山高義氏（穂高町長）の手記
「我が安曇野は『早春賦のふるさと』として全国に知られ……吉丸先生宅で長く家政婦をされていた山本はなさんは『温泉旅行の帰りに安曇野を通り、その感じを思い出しながら作詞されました』―このお話は、早春賦の舞台が安曇野だという定説を裏付けるものとなると思います」

◎「西川久寿男氏メモ」
「一昌先生が安曇野に魅せられたことは疑う余地がない。明治45年３月北信の温泉旅行の帰り明科駅下車、“温泉旅行の帰り安

曇野を通り、その感じを思いだしながら作詞"(昭和59年4月、山本はなさん談、この時、はなさん93歳)」

◎安曇野市当局の主張：私の情報公開請求

・「早春賦が安曇野発祥の根拠について」：公文書は存在しないが、根拠とするところは、学識経験者による著作物・早春賦歌碑建立委員会などの出版資料・一般既存出版物・ＮＨＫ名曲アルバム・中学校音楽科教科書など。

・「吉丸昌昭氏は、幼少時に吉丸一昌先生に手を引かれて安曇野市穂高川周辺を散策した記憶があり、吉丸家お手伝い従業員の女性からも『先生が安曇野を思い出しながら作詞していた』旨聞かされていると述べている」

事実誤認の当局主張

　孫の吉丸昌昭氏は昭和生まれ、祖父の吉丸一昌は大正時代に既に死去。"手を引かれて"はある筈もない。

・なお、この一連の請求について、安曇野市長から頂いた決定書は、主文「本件異議申立てを棄却する」であった。

吉丸一昌は信州に来たか？

　長田暁二著『世界と日本の愛唱歌・抒情歌事典』(ヤマハミュージックメディア出版)における「早春賦」欄に次のような記事がある。

> ・吉丸一昌が、一時居を構えた信州南安曇野…。
> ・吉丸は、夏期講習会講師としてしばしば信州に招かれています。
> ・「早春賦」の歌の発表も長野市が最初に行われたと伝えられ、そのゆかりで、……穂高川堤に歌碑が建立されています。

　私は、出版社に対し、記述の根拠となった出典をお教えくださ

い、とお願いしたが、回答はない。

　吉丸一昌が、信州に来たか否かは、「早春賦」の作詞由来解明に大きく影響する最大関心事であるが、年月の特定＝「来た」とする事実を立証する記述は見当たらず、以下によって前章の内容は、フィクション・憶測記事と断定される。

○吉田稔（吉丸一昌研究者）：「望郷の歌　吉丸一昌」
○吉丸昌武（一昌の長男）：「父の思い出」
○早春賦愛唱会：「吉丸一昌の年表」
○中田一次（早春賦作曲者中田章の次男）：「符・譜・賦」
○小長久子（大分大学助教授）：「吉丸一昌について」
○桑原武夫（臼杵市）：「吉丸一昌の生涯とその作品」
○『東京芸術大学百年史』
○雑誌『音楽』雑誌『音楽界』
○『大町高校八十年史』
○田中勇人：「吉丸一昌の時代」
○池田小百合：「なっとく童謡・唱歌：早春賦」

『信濃教育會五十年史』

唱歌「早春賦」の謎　121

▷吉丸教授は講習会講師として来県していない

『信濃教育會五十年史』（昭和10年発行）の第十二節には、「本會施設の夏期講習會欄」に、講習会の、年次・講習科目・講師・期間（明治37年から大正元年）など詳細に記述されているが、その中に吉丸一昌の名前はない。

信濃教育会が催す夏期講習会で講師として迎えられた事実はなかったのである。

▷吉丸教授は大町中学には来ていない

『大町高校八十年史』によれば、次の三点により、吉丸教授の大町中学来校の事実のないことは明白である。

・創立十周年の記念式典の当日、来賓者名簿に吉丸の名前は記載されてはいない。
・校歌制定の経緯を記した「伊藤忠一遺稿集」にも吉丸来校の記述はない。
・開校以来同校の「年表」をひもといても吉丸来校の記述はない。

▷なぜ、検証しなかったのか

今迄も現在も、多くの音楽著作物「早春賦」欄には「早春賦発祥は安曇野」である。

なぜか、忖度するに、もともと歌の舞台・発祥地などは、情緒的、ロマン・メルヘンの世界だから、憶測記事は許され、あえて検証の対象とは考えていなかったのではないか。

ＮＨＫは放映の事前取材で、また「早春賦ふるさと碑」の碑文を書いた西川久寿男氏、そして建碑に走った穂高町など、なぜ、固有名詞「信濃教育会」とあるからには、真偽の程を問い合わせなかったのか、当たり前の検証をしなかった。これまた、謎である。

推測するに、西川氏は元教師、当然に確認をした、事実でないこ

122

とを知る。しかし、建碑の動きは進み、今更事実でないとは言えない。西川氏は碑文に「信濃教育会の夏期講習会」を「信州の夏季講習会」と替えて揮毫した。

▷なぜ、「安曇野説」が定着したか

「早春賦安曇野説」のルーツは、高橋長一氏著における僅か一行であるが、一般に知られるようになり、通説となったのは、何回かのNHKの放映と、それを受けて歌碑建立に動いた旧穂高町・現安曇野市のプロパガンダが大きく影響したことに間違いない。ほとんどの音楽著作物は、こぞって「早春賦は安曇野」と書いた。「安曇野」なるネーミングも影響していたであろう。

▷吉丸教授は信州に２回来た

１回目

・雑誌『音楽界』（明治44年６月号）
 「明治四十四年五月三日から十日まで学友会春季演奏旅行で、男子部五十人を引率して甲府・松本・長野・高田・新潟・長岡を巡った」

・五月四日付、信濃毎日新聞広告欄には「西洋音楽 大演奏会」の見出しで報じた。

２回目

吉田稔氏著『望郷の歌 吉丸一昌』によれば、「大正四年、六月四日若松、五日新潟、六日高田、七日上田を経て上諏訪、八日甲府、九日飯田町着の修学旅行をおこなう」とある。

唱歌「早春賦」の謎　123

ＮＨＫ『名曲アルバム』―早春賦―

▷字幕スーパー

　昭和55年３月31日、次いで57年、62年とＮＨＫが放映した『名曲アルバム』―早春賦―には、このような字幕スーパーが流れた。

> ・「早春賦」は信州の夏期講習会の教材として作詞作曲
> 　されたといわれる。
> ・作詞の吉丸一昌は信州の自然を愛したびたび安曇野
> 　を訪れた。

▷出典・根拠を問う

　私はＮＨＫに対し、その出典・根拠をお教え頂きたい、とお願いしたところ、当時の担当ディレクター[注) が「取材先で得た情報や証言を基に字幕スーパーを作成した」との回答であった。

▷中央放送番組審査会長へ

　具体的な出典・根拠を明示されないので、日本放送協会中央放送番組審査会長宛書状を送った。

　審査はされず、回答は、「大学関係者や吉丸一昌氏のご家族など複数の方に直接お会いしてお話を伺ったので、字幕スーパーに根拠はないとのご指摘はあたらない」との返事であった。

▷検証を要請

　私の調査では、字幕スーパーは「事実に基づくものではない」と判断されるので、
・夏期講習会については、「信濃教育会五十年史」
・安曇野来訪否定については、多くの文献
など、資料を添えて「改めて検証して頂きたい」とお願いをしたが、

前回同様の回答で終わった。

▷ＢＰＯ：放送倫理・番組向上機構へ

　ＮＨＫ相手では埒が明かないので、時々スナックのカラオケでご一緒するＵ氏（放送事情に詳しい元Ｎテレビ編成局考査部長）にお願いし、ＢＰＯへ相談するも、結局、審査はされなかった。

　理由は分からないが、「早春賦」のことなぞ社会的には、些細なことと、判断したのであろうか。

▷検証しないことの謎

　ＮＨＫは、「吉丸一昌はたびたび安曇野を訪れた」と、断定的表現で放映した。ディレクター^{注)}取材のまま、真偽確認もせず放映した。公共放送としてあり得ないことである。何故、検証しなかったのか、これまた謎である。

▷日本放送協会の責務

　安曇野市「早春賦愛唱会」Ｎ代表は「安曇野が『早春賦の里』と全国的に知れわたった大きな理由はＮＨＫ名曲アルバムにありました」と、いみじくも記している（「早春賦の軌跡」より）。

　もし、放映が無かったなら、穂高町の歌碑建立はなく、間違った通説も生まれなかった。

　日本放送協会は、「事実に基づかない放送」をしたこと、及びその社会的影響として、広く世間に「早春賦発祥は安曇野」との誤った認識を醸成させる基因となったことを率直にお認めになり、世間に向け、その事実を公表することが、放送事業者たる日本放送協会の責務と考える。

注）担当ディレクター

　私はＮＨＫに、担当ディレクターにお会いしたいとお願いしたが断られる。ところが、平成26年８月９日付け「市民タイムス」に次の記事が掲載されていた。

> 　　　　「早春賦」の恩人安曇野に愛唱会　元ＮＨＫの青谷さん招待
> 　名曲アルバムで放送された「早春賦」を制作した当時のディレクター・青谷雅夫さん（78）＝東京都杉並区＝……青谷さんは「早春賦は女学生に愛される唱歌のナンバーワンで、絶対に名曲アルバムで放送したいと思った」と振り返る。当時は「早春賦」が安曇野の春を歌ったとみられることがあまり知られていなかったといい、早春賦と安曇野とのつながりを調べることから始めたという。徹底した調査を経て…印象的な映像作品が完成した…。

早春賦安曇野発祥説

　「早春賦」の実相に迫るとき、「安曇野発祥説」の検証は不可避である。さいわい、官民のプロパガンダがそれを容易にした。

　結局、作詞した吉丸一昌も早春賦誕生も安曇野とは無縁であり、虚構なるメッセージを後の世に伝えることは音楽文化史上看過し得ないことであった。

　しかしながら、唱歌「早春賦」に対する、長年にわたる旧穂高町・現安曇野市そして関連団体による精力的音楽活動は評価に値すべきであろう。

▷鶯の鳴く谷は何処か

　平成４年11月13日、ＪＲ穂高駅前広場に建つ「早春賦のふるさと　穂高町」なる看板が目に入った。

　歌詞にある、鶯の鳴く谷は何処か、氷が張り葦が芽吹く場所は？　作詞した吉丸一昌は穂高へ来たのか？

その足で穂高町役場観光係を訪ねる。担当者は私の質問にシドロ
モドロ。「歌碑」建碑に関わった西川先生から電話して回答すると
のこと。結局その先生からも電話はなかった（翌年、看板は撤去さ
れていた）。

▷ルーツ

　昭和55年、九州臼杵市では、同市出身の国文学者「吉丸一昌」を
顕彰する動きが起こり、公民館前に早春賦歌碑が建立された。その
時の記念誌に、元図書館長の高橋長一氏が「…一昌がこよなく愛し
た安曇野の風景…この安曇野にくらす農民への理解と美しいこの地
の風景を織り交ぜて、作った」と記した。そもそも「安曇野発祥説」
のルーツはここに始まる。

▷建碑の経緯

　その後NHKが「名曲アルバム」を企画、歌碑のある臼杵市へ問
い合わせた。高橋氏は「臼杵には雪は無いよ。『早春賦』の舞台は
安曇野だよ」と返事し、昭和58年の春、NHKテレビで、安曇野を
背景にした「早春賦」が流れた。

　「穂高の風景が映って、『安曇野はたいしたものだ』と話題になり、
町は歌碑を建てよう―と動き出した」（以上、信濃毎日新聞社編集
局編「唄のふるさと」の「春こがれる安曇野『早春賦』」より引用）。

　この放映が直接的きっかけとなり、西川久寿男氏が主導し昭和59
年春、穂高川右岸の堤防に歌碑が建った。

　一方、吉丸一昌の長男昌武氏の「『早春賦発祥地は穂高あたりで
しょうかね』が誘い水となって安曇野穂高に『早春賦』の歌碑が建
てられ」については、前掲「信濃毎日新聞社編集局編」の冒頭部分
に「僕は戦後、三郷村一日市場に疎開し、十年間、歯科医をしてい
た。それなのに、早春賦の舞台が安曇野だとは、つゆ知らず東京に

唱歌「早春賦」の謎　127

帰ってしまった」と記述されている。

　なお、昌武氏の「父の思い出」（平成5年、早春賦音符碑建立記念誌）にも、また、ＮＨＫ「名曲アルバム」制作のディレクターの談（平成26年8月9日市民タイムス）にも上記の"誘い水となって"の記述はない。

▷ 通説に

　それ以来、旧穂高町そして安曇野市は自らの媒体を用い、
・早春賦の発祥地が安曇野
・早春賦作詞者吉丸一昌は安曇野を訪れて作詞したなどと、行政主導で、世間に喧伝・流布を続けた。
・さらに、例年の「早春賦まつり」の開催など
・また、「安曇野」という語感の良さも加わり…
　結果、世間はそれが真実と信じ、「早春賦安曇野発祥」が通説ともなった。

▷「早春賦まつり」チラシ

　例年4月、穂高で開催される「早春賦まつり」に配布されたチラシ説明文に、

> ・吉丸一昌先生が信濃教育会の夏期講習会に講師として来県した折に歌唱指導用として作詞。
> ・安曇野と吉丸先生とのご縁は、先生が近隣の大町市の高校校歌を作詞され、その披露を兼ねて招かれた時に安曇野に足をのばされたのが始まり。

との文面があり、「早春賦まつり」を主導する「早春賦愛唱会」代表のＮ女史と平成20年9月9日穂高会館にて初めて面会した。
　文面の根拠・事実を尋ねたところ、女史は全く答えられなかった。事実無根の「作り話」であるから当然であるが、誰が作ったのか、

行政か、関連団体か、まさに謎である。

　このチラシはその後配布されていない。

▷安曇野市「早春賦安曇野発祥」は根拠なし、と認める
【長野県観光協会への回答】
　長野県公式観光ウエブサイト「早春賦まつり」紹介文に次の記事があった。

> 早春賦の作詞者吉丸一昌はこの安曇野の水郷の地を訪れた際、春を待つ人々の心情を詩いました。

　この文面につき、平成23年4月、長野県観光協会は安曇野市に問い合わせしたところ、結局、

> 「安曇野が早春賦の発祥の地」「吉丸一昌氏が安曇野を訪れて作詞した」を証拠立てる資料は存在しない。

と回答し、この紹介文については至急修正してほしい、とした。
関係者への周知
　同時に、「証拠立てる資料は存在しない」ことは、安曇野市内の関係者に平成22年2月頃から周知してきている、とした。

早春賦発祥は長野県大町地方

▷「早春賦発祥の地」の根拠
　大町地方が「早春賦発祥の地」と特定できる根拠は次の2点である。
ア、吉丸一昌（東京音楽学校教授）の教え子・島田頴治郎が大町中
　　学に、2年後輩の崎山輝が大町実科高女にそれぞれ赴任。島田
　　は早春賦作詞に深く関わり、崎山は「早春賦は大町の歌」として歌唱指導した。この二人の存在が、他方との決定的な違いで

唱歌「早春賦」の謎　129

あること。

イ、山田真知子さんの証言：「私の母が、大町高女時代、音楽の先生（崎山輝）から早春賦は“大町の歌”」と聞かされていたこと。

▷「早春賦の舞台」特定の根拠

唱歌「早春賦」の舞台は、「長野県大町地方」であり、その根拠は、鹿島岳水による、状況証拠の考証（推論を交える）による次の2点である。

ア、吉丸一昌が、大正元年秋、教え子の、当時、長野県立大町中学校音楽教師であった島田頴治郎の語る「春遅き大町地方の情景」を基に作詞したものであること。

イ、歌詞にある“谷の鶯”は稲尾沢道、“氷解け去り葦は角ぐむ”の舞台は木崎湖、“雪の空”は大町地方と、それぞれ特定できること。

▷「早春賦」三つの謎

①寒き地方に住んだ体験のない吉丸に、なぜ、あの写実的な作詞が出来たのか？

②歌詞2番の“葦”は、船橋榮吉曲では、“いそな”に変わったことの意味するものは何か？

③早春の歌が、なぜ、秋の11月2日作詞か？

①について─島田頴治郎の存在

恐らく、「早春賦」の詩想・歌詞は、体験したものでなければ浮かばない。吉丸は九州育ちで東京暮らし。早春の時期、歌詞にあるような地方に旅行した記録も見当たらない。

教え子の島田は、明治44年と翌年の2回、早春の時期を大町で過ごし「春遅き大町地方」を実体験している。「早春賦」作詞の背景に、島田の存在があったことは十分考えられる。

130

ちなみに、大町中学校歌（吉丸一昌作詞・島崎赤太郎教授作曲：明治44年6月披露）は、時の鈴木校長の命を受けた島田音楽教師が、母校の恩師に作成依頼、この時、吉丸教授は大町に来ることはなく、島田の語る大町地方の地勢・気候、そして大町中学の校風などを参考に作詞された。

②について―木崎湖・稲尾沢道の特定

　吉丸一昌は同時期、二つの「早春賦」を作詞した。中田章曲の、歌詞2番にある"葦"は、もう一つの「早春賦」船橋榮吉曲では"いそな"である。いそな（磯菜）とは海・湖などの波打ち際に自生する食用植物の総称である。

　二つの「早春賦」歌詞を重ね合わせると、歌詞2番の舞台が見えてくる。

　すなわち、

　　ア、"氷"が張る"湖"であること

　　イ、"葦"が生えること

　　ウ、"食用植物"が自生すること

この三つの条件に合致する「みずうみ」とは何処か。

▷東京への道順

　当時、東京へは、明科駅→塩尻→中央東線で飯田町駅と、長野駅まで歩き信越本線で上野駅の二経路があった。三等運賃で前者は三円三十四銭、後者は、二円八十八銭。当然、島田教師は後者で公務出張した。

　大町から長野へは高府街道（大町街道）がメインであり、大町から美麻村新行集落への道筋は、三日町経由と木崎湖経由がある。木崎湖は山紫水明・風光明媚、当然に木崎湖畔を通り、稲尾沢道から新行へと歩いた。

唱歌「早春賦」の謎　131

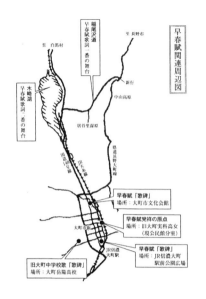

早春賦関連周辺図

至 長野市／至 白馬村／新行／中山高原／居谷里湿原／県道長野大町線／国道148号線／大町市街／JR信濃大町駅

稲尾沢道 早春賦歌詞一番の舞台
木崎湖 早春賦歌詞一番の舞台
早春賦「歌碑」 場所：大町市文化会館
早春賦発祥の原点 場所：旧大町実科高女（現公民館分室）
早春賦「歌碑」 場所：JR信濃大町駅前公園広場
旧大町中学校歌「歌碑」 場所：大町岳陽高校

木崎湖に浮かぶ本校のヨット　明治45年5月16日

木崎湖全景

稲尾沢道

▷ **木崎湖・稲尾沢道の特定**

　特定する根拠は次の二つによる。

　一つは、島田音楽教師の上京は４月と５月、経路の木崎湖では、葦の芽吹きを、続く稲尾沢の森林道では鶯の美声を聞いていた。この体験が１年６か月後の早春賦作詞に生かされることとなる。

　二つは、島田教師は、大町中学端艇部の顧問であった。木崎湖の厚い氷の解け去るを待ちかね葦の芽吹きを間近に見ながらヨットを

走らせていた。「早春賦」歌詞２番の「氷解け去り葦は角ぐむ」このフレーズは彼の実体験である。

図で、歌詞２番を木崎湖と特定すれば、歌詞１番の「鶯の鳴く谷」とは、おのずと新行集落へ通ずる「稲尾沢」の道筋となる。

③について―なぜ、秋の11月作詞か

島田音楽教師は、大正元年11月、年度途中で大町中学を退任している。母校吉丸生徒監の斡旋で、大町に赴任した関係から、事前に上京し、恩師の了解を得る必要があり、それが10月であった。

吉丸一昌は９月に『新作唱歌』(第二集)を作詞しているが、10月は作詞一つ、歌材を欲していた。丁度その時期、島田が訪れた。

島田は、妻との死別・僻地な大町・唱歌が必須でない中学など退任の理由を、そして、春まだ遅い大町地方の情景など、語ったに相違ない。この教え子の語りに、季節に関係なく吉丸の詩想を駆り立てる瞬間があり、ここに「早春賦」は作詞された。

吉丸一昌は『新作唱歌』の楽曲の順序について、緒言で「多くは歌材の季節により定め……」と記している。

「早春賦」は春を詠んだ歌、なぜ、「11月２日作」であったのか。この最大の疑問は、島田の存在で明解となる。

▷発祥地の原点～大町実科高等女学校

唱歌「早春賦」の発表は、大正２年２月『新作唱歌』(第三集)によってである。

その翌々月、東京音楽学校を卒業した崎山輝が大町実科高等女学校(大町北高等学校の前身)に教諭として赴任した。

崎山音楽教師は、恩師の新作に

大町実科高等女学校
(現大町公民館分室の地)

唱歌「早春賦」の謎　133

なる「高等女学校程度」と記す早春賦楽譜を "大町地方を題材にした歌" として歌唱指導に用いた（当時、音楽の教科書は無かった）。

「早春賦」は、校舎のあった白塩町から広がり、やがて女生徒によって大正・昭和へと子や孫に歌い継がれる。なお、当時から、"大町の歌" ではないか、と囁かれていた。

▷決定的根拠 "大町の歌よ"

崎山音楽教師の教え子に北沢文恵さんがいた。文恵さんは、結婚して角間姓。授かった長女の真知子さんに、高女時代に音楽の先生から教わった「早春賦」、この歌は "大町の歌よ"、と言って幼い頃から何度ともなく聞かせていた。

真知子さんは、このことをよく覚えており、後に松山玉江さんら、そして、私、鹿島岳水にも、平成12年の夏、大町温泉郷の喫茶店「樹里」にて直接話された。

真知子さんの話とは

> ①私の母が②大町高女時代③音楽の先生から④「大町の歌」と聞かされていた。

① 「私の母」とは誰か

鹿島岳水は平成22年6月、山田真知子さんの娘・ゆかりさん（「俵町の山田ピアノ教室」）に、「真知子さんの母親とは誰か」を尋ね、「北沢文江さん」或いは「文恵さん」で、大町高女卒と知り、その足で北高を訪れる。

② 「大町高女時代」とは

大町北高等学校同窓会会員名簿に

> 実科　第3回　大正4年3月卒　角間文恵
> 　　　　　　　　　　　　　旧姓　北沢

との記述あり（実科：大町実科高等女学校）。

③「音楽の先生」とは

ア、「東京音楽学校一覧」（同校発行）145頁：卒業生の覧に下記記
　　述あり。

> 甲種師範科　大正2年3月卒業
> 長野県大町実科高等女学校教諭　崎山輝

イ、大町北高等学校刊行「七十年のあゆみ」348頁：大町実科高等
　　女学校大正2年卒、桜井春江さんの手記「開校の頃の思い出」
　　に下記の記述があった。

> 明治45年実科になってから2階に教室が出来て、新し
> く東京から広川先生（家事）、崎山先生（音楽）方がお
> 見えになり……。

　大町北高等学校同窓会旧職員名簿には、何故か、広川教師・崎山
教師の記載は無い。しかし、崎山輝の大町実科高等女学校音楽教師
であったことは、上記の東京音楽学校資料及び桜井春江さんの手記
により明らかである。

ウ、崎山教師は、大正2年4月大町実科高女に赴任。大正4年2月
　　に千葉県東金高等女学校に転任（現・東金高等学校同窓会名簿
　　に記述あり）しているので、2年間大町実科高女に在任してい
　　た。

　一方、北沢文恵さんは、大町実科高女を大正4年に卒業している
ので、崎山教師と文恵さんとは直接2年間、教師と生徒の間柄に
あった。

④「大町の歌」とは

　崎山輝は、大町実科高女への赴任に当たり、吉丸教授から「『早
春賦』は大町地方を題材にした」と聞かされた。でなければ、崎山

唱歌「早春賦」の謎　135

教師は、生徒に「大町」と言う筈がない。

▷話の信憑性

　山田真知子さんの話は、以上のように検証の結果、事実に相違なく（疑う余地はなく）、大町が「早春賦」発祥の地であることを裏付ける、決定的な根拠となり得るものである。

手前左・角間（北沢）文恵さん、右・山田真知子さん

早春賦歌碑全国8か所

大分県臼杵市大手門公園

臼杵市ＪＲ臼杵駅ホーム

安曇野市穂高

文京区龍光寺(吉丸家菩提寺)

鳥取県江府町

山口県田布施町ふるさと詩情公園

大町市文化会館前庭

ＪＲ信濃大町駅前公園広場

唱歌「早春賦」の謎　137

参考資料

早春賦の来歴　　　牛越　徹

明治6年9月15日　吉丸一昌誕生（1873年9月15日～1916年3月7日　44歳没：数え年）。

明治34年4月　松本中学校大町分校が開校。

明治37年4月　松本中学校大町分校から旧制大町中学校に改称（その後、大町高校に改称、平成28年4月に大町北高校と再編統合により現大町岳陽高校）。

明治41年4月21日　吉丸一昌が東京音楽学校教授に就任（36歳）、修養塾を主宰（塾生に崎山輝（女性）、後に大町実科高等女学校へ赴任）。

明治44年4月　島田穎治郎（えいじろう）（東京音楽学校卒）が教員として大町中学校へ赴任、　大正元年11月まで在任。

明治44年6月　吉丸作詞の大町中学校の校歌が発表される。
　　　＊開校10周年記念に校歌の作詞を依頼された際、教え子の島田から大町地方の地勢・気候、大町中学の校風などの情報を聞き、詩想を得た。

大正元年11月　吉丸、「早春賦」を作詞（校歌作詞の翌年。明治は45年7月30日まで）。
　　　＊当時、吉丸が大町及び南安曇郡（現安曇野市）を訪れたという文献上の記録はない。

大正元年11月　島田、大町中学校を退任。

大正2年1月　「早春賦」発表（船橋榮吉作曲、楽譜を収載した雑誌「音楽」発売）。

大正2年2月　「早春賦」発表（中田章作曲、楽譜を収載した「新作唱歌第3集：敬文館」発売）。

大正2年4月　大町実科高等女学校へ崎山輝が教員として
　　赴任（東京音楽学校を大正2年に卒業、大正4年3月
　　まで同校に在任、唱歌（音楽）専任）。
　　＊崎山は大町に唱歌集を持参、歌唱を指導した。
　　＊大町実科高等女学校（明治45年開校、大正9年4月
　　　大町高等女学校、その後大町北高校、現大町岳陽高
　　　校）愛唱歌だった。
　　＊同校を大正4年3月に卒業した角間文恵氏（旧姓北
　　　沢）の実娘山田真知子氏が、松山玉江氏、鹿島岳水
　　　氏に対し「母から、崎山先生から『早春賦が大町の
　　　歌だ』と聞いていた」ことを証言。
　　＊大町中学の島田教員が年度途中で退任し、その半年
　　　後に大町実科高等女学校に教え子の崎山教員を赴任
　　　させたのは吉丸の「早春賦」普及の思いから。
大正5年3月7日　吉丸一昌、心筋梗塞により死去。
大正12年4月　南安曇郡豊科町に豊科高等女学校（現豊科
　　高校）が開校、佐原宣子氏が赴任（家事・裁縫・音楽
　　を兼務）。
昭和52年3月　ＮＨＫテレビ放送名曲アルバム「早春賦」
　　を放送。
　　＊背景の映像に南安曇郡穂高町（現安曇野市）の情景
　　　（撮影は2月初め）が使用される。
昭和55年4月　大分県臼杵市中央公民館庭に「早春賦」歌
　　碑建立。
昭和59年4月　穂高町穂高川河畔に「早春賦」歌碑建立。
平成12年10月　大町市文化公園：文化会館前に「早春賦」
　　歌碑建立。
平成22年4月　東京都文京区龍光寺（吉丸家菩提寺）に「早

春賦」歌碑建立。

平成27年2月以降、ＮＨＫアーカイブスの名曲アルバム「早春賦」は、『視聴不可』となる。

平成27年10月　「早春賦」発祥の地大町として「大！岳に陽と水「早春賦」産声の町」を商標登録。安曇野市「穂高川の土手」は日本一の早春賦顕彰の地、「豊科高校の周辺」は「早春賦」学習の地（井関正治氏）。

平成29年3・6月　大分県臼杵市に吉丸一昌銅像設置。

平成29年4月　ＪＲ信濃大町駅前公園広場に「早春賦」歌碑建立。

平成30年10月　同駅公園広場に吉丸一昌銅像設置。

7種のフラット(b)系長音階で記譜した7様の「早春賦」-1

黒川眞弓

7種のフラット(b)系長音階で記譜した7様の「早春賦」-2

7種のシャープ(♯)系長音階で記譜した7様の「早春賦」-1

黒川眞弓

7種のシャープ（♯）系長音階で記譜した7様の「早春賦」-2

ハ長調で記譜した船橋榮吉曲の「早春賦」

市山福子

船橋榮吉原譜「変ホ長調」を「ハ長調」に移調したものである。幻の船橋榮吉曲を歌いやすい曲にしているので、この譜面によって多くの方々が歌われれば幸いである。

なお、原譜での歌詞は、譜面の「ひらがな」のみであるが、ここでは、「現代仮名遣い」よる漢字まじりの縦書き歌詞も付してある。

長野県内に歌碑がある歌

　本書における下記の曲名歌碑写真は、「歌碑を訪ねて西東　管理人マイク」様の許諾を頂いて掲載したもの（曲名50音順）。

安曇節	千曲川旅情のうた
伊那節	てるてる坊主
美わしの志賀高原	天龍下れば
お猿のかごや	とんがり帽子
かあさんの歌	中野小唄
蛙の笛	初恋
カチューシャの唄	鳩ぽっぽ
からすの赤ちゃん	春のうた
勘太郎月夜唄	琵琶湖周航の歌
汽車ポッポ	故郷
木曽路の女	みかんの花咲く丘
木曽節	水色のワルツ
北安曇郡歌	見てござる
北風小僧の寒太郎	めえめえ児山羊
子鹿のバンビ	やさしいおかあさま
信濃の国	山小舎の灯
惜別のうた	夕焼小焼
早春賦	龍峡小唄
千曲川	

147

協力を頂いた方々 （50音順・敬称略）
ご提供頂き感謝申し上げます。

市山福子：早春賦記譜

いではく事務所：いではくの写真

伊那市観光課：伊那節資料

牛越徹：早春賦来歴

燕山荘：燕山荘の写真

大内寿恵麿：早春賦讃歌

大町市：牛越徹・仁科神明宮・北アルプスの写真

おぼろ月夜の館：おぼろ月夜の館資料

歌碑を訪ねて西東　管理人マイク：歌碑写真の大半

北島音楽事務所：原田悠里の写真

木曽おんたけ観光局：木曽節関連資料

旧富士見高原療養所資料館：旧富士見高原療養所の写真

黒川眞弓：早春賦記譜

合田道人：早春賦讃歌

小長正明：小長久子の写真

小林茂喜：大町市覚園寺資料

小松直人（下諏訪観光案内所長）：八島ヶ原湿原写真・木遣り唄資料

こもろ観光局：浅間山の写真

小諸市立藤村記念館：島崎藤村の写真

佐久市観光協会：佐久市資料

塩原義夫：早春賦歌碑・吉丸一昌銅像の写真

須坂市観光課：須坂小唄資料

善光寺

高野辰之記念館：高野辰之の写真

竹森笑子（諏訪市木遣保存会長）：諏訪大社木遣り唄資料・ＣＤ

天龍峡観光案内所：龍峡小唄資料
藤村記念館：藤村記念館資料
中山晋平記念館：中山晋平記念館資料
山田ゆかり：家族の集合写真
山ノ内町観光連盟：志賀高原の写真
横澤はま（北安曇郡歌普及会）：北安曇郡歌資料
Railstation.net
碌山美術館：碌山美術館の写真

著者：鹿島岳水（赤澤　寛）
昭和3年、長野県大町市生まれ
神奈川県川崎市多摩区在住
著書　「童謡・唱歌・叙情歌名曲歌碑50選」（文芸社）
　　　「唱歌『早春賦』に魅せられて」

信州後世に遺したい歌50選
付　唱歌〈早春賦〉の謎

2019年8月29日　第1刷発行

著　者　鹿島　岳水
発行者　木戸ひろし
発行所　**ほおずき書籍株式会社**
　　　　〒381-0012　長野市柳原2133-5
　　　　TEL（026）244-0235(代)
　　　　web http://www.hoozuki.co.jp/
発売元　**株式会社 星雲社**
　　　　〒112-0005　東京都文京区水道1-3-30
　　　　TEL（03）3868-3275

© 2019 Kashima Gakusui Printed in Japan
・落丁・乱丁本は、発行所宛に御送付ください。
　送料小社負担にてお取り替えいたします。
・本書は購入者による私的使用以外を目的とする複製・
　電子複製および第三者による同行為を固く禁じます。
・定価はカバーに表示してあります。
ISBN978-4-434-26430-6

JASRAC　出1811643-801